D1720035

Irina Young

Vorschulkinder und Multilingualismus

Hamburg und seine institutionellen Möglichkeiten

Diplomica Verlag GmbH

Young, Irina: Vorschulkinder und Multilingualismus: Hamburg und seine institutionellen Möglichkeiten, Hamburg, Diplomica Verlag GmbH 2013

Buch-ISBN: 978-3-8428-8764-0
PDF-eBook-ISBN: 978-3-8428-3764-5
Druck/Herstellung: Diplomica® Verlag GmbH, Hamburg, 2013

Bibliografische Information der Deutschen Nationalbibliothek:
Die Deutsche Nationalbibliothek verzeichnet diese Publikation in der Deutschen Nationalbibliografie; detaillierte bibliografische Daten sind im Internet über http://dnb.d-nb.de abrufbar.

© Diplomica Verlag GmbH
Hermannstal 119k, 22119 Hamburg
http://www.diplomica-verlag.de, Hamburg 2013
Printed in Germany

Inhaltverzeichnis

Einleitung und Problemstellung   1

1. Mehrsprachigkeit in früher Kindheit   6

1.1 Was heißt Mehrsprachigkeit?   7
1.2 Zur Diskussion um das „Für und Wider" der kindlichen Mehrsprachigkeit und
den optimalen Zeitpunkt für das parallele Erlernen mehrerer Sprachen   14
1.3 Typen und Formen der Mehrsprachigkeit   21
1.4 Der Erwerb der Mehrsprachigkeit   25
Zusammenfassung   27

2. Besonderheiten des Sprachenlernens in der frühen Kindheit - Kindliche
Sprachentwicklung   29

2.1 Kognitive Faktoren   35
2.2 Emotionale Faktoren   42
2.3 Das Spiel als dominante Lernform des Kindes   43
2.4 Didaktische Prinzipien   46
Zusammenfassung   55

3. Institutionelle Möglichkeiten und deren Modelle am Beispiel Hamburgs   58

3.1 Die heutige Situation in Hamburg   59
3.2 Wie die kindliche Mehrsprachigkeit gefördert wird   61
3.2.1 Einbeziehung der Eltern, Medien, Materialien und Umfeld des Kindes   62
3.2.2. Submersionsmodell   65
3.2.3. Immersionsmodell   67
3.2.4 Bilinguale, bilingual-bikulturelle und multikulturelle Modelle   71
Zusammenfassung   74

4 Empfehlungen und Hinweise für Eltern mehrsprachig aufwachsender Kinder   77

4.1 linguistische Empfehlungen   77

4.2 medizinische Empfehlungen   81

4.3 pädagogische Empfehlungen   85

Zusammenfassung   96

Schlussfolgerung   98

Literaturverzeichnis   106

Einleitung und Problemstellung

„Wer fremde Sprachen nicht kennt, weiß nichts von seiner eigenen."

(Johann Wolfgang von Goethe)

Mehrere Sprachen zu beherrschen, ist eine wertvolle Fähigkeit in einem vereinigten Europa. Dabei bietet eine mehrsprachige Erziehung im frühen Kindesalter den Eltern die Chance, ihren Kindern diese Fähigkeit effektiv und erfolgreich zu vermitteln.

Die Debatte um die Mehrsprachigkeit schon in der frühen Kindheit wird nicht nur von PädagogInnen sowie Erziehungswissenschaftlern/innen geführt, sondern neben Vertretern der Psychologie, Linguistik und Hirnforschung ebenfalls von Politikern, beispielsweise von der Bundesbildungsministerin Annette Schavan (CDU).
Aktuell haben sich dabei zwei unterschiedliche Positionen herausgebildet. Zum einen wird die Vermittlung komplexer Lerninhalte wie das parallele Erlernen von mehreren Sprachen im frühen Kindesalter, als wünschenswert erachtet, denn die Lernfähigkeit in den frühen Jahren sei besonders hoch und Kinder lernen so schnell und so viel wie nie wieder in ihrem Leben. Zum anderen vertritt die ältere Generation oftmals die Meinung, dass Kinder durch vielfältige „Unternehmungsangebote" überfordert seien und ihre Kindheit zunächst ausleben sollten.[1]

Die Meinung, dass Mehrsprachigkeit Kinder überfordern und dazu führen würde, dass letztlich keine Sprache richtig gelernt wird, tritt jedoch zurück. Dies besagt in der Tat die aktuelle Forschung. Kinder, die in jungen Jahren mehrsprachig aufwachsen, sind geistig flexibler und leistungsfähiger in ihrer Wahrnehmung. Die entscheidenden Weichen werden von der Natur aus gestellt und Versäumnisse seien in späteren Jahren sehr schwer zu korrigieren. Bis zum dritten Lebensjahr speichern Kinder verschiedene Sprachen effektiv ab. Beruhend auf dem Prinzip der Nachahmung lernen sie parallel mehrere Sprachen genauso gut, wie nur eine einzige.[2] Die Forscher sprechen hierbei vom „doppelten Erstspracherwerb." Demzufolge dürfen Kinder gerade in den ersten Lebensjahren nicht unterfordert werden. Eine intensive

---

[1] *Generationsbeziehungen: Kinder-Eltern-Großeltern.* Baden-Württemberg 2012, S. 12. http://www.statistik.baden-wuerttemberg.de/BevoelkGebiet/FaFo/Familien_in_BW/R20123.pdf; Stand 7.09.2012

[2] Die deutsche Gesellschaft für Fremdsprachenforschung (DGFF): Mehrsprachigkeit als Chance. In: *Zeitschrift für Fremdsprachenforschung.* Heft 1, Band 23, 2012, S. 123f.

Förderung und geistig kommunikative Anregungen sind von Anfang an besonders notwendig.

Die Bildungsangebote zur frühen Parallelsprachförderung verbreiten und verbessern sich rasch. Eltern haben bereits wahrgenommen, dass den Kindern Gelegenheit gegeben werden soll, zu experimentieren, zu kommunizieren und ihre Kreativität zu entfalten – und dabei beiläufig eine neue Kultur und dementsprechend ihre Sprache mit allen Sinnen wahrzunehmen sowie das Denken zu üben und soziale Fähigkeiten zu entwickeln. Kinder leben heutzutage in einer multikulturellen Gesellschaft und haben durch die Medien täglich Zugang zu anderen Sprachen. Ferner haben sie schon in den Kindereinrichtungen Kontakt zu Kindern verschiedenster Herkunft, so dass sie schon dort auf eine Vielfalt von Kulturen und Sprachen treffen. Doch für eine optimale Sprachentwicklung brauchen Kinder und Eltern feste Sprachregeln, z. B. empfiehlt es sich für binationale Familien, dass jeder Elternteil in den ersten 3-4 Lebensjahren des Kindes konstant in seiner Muttersprache spricht, beispielsweise der Vater Russisch und die Mutter Deutsch. Auch die Unterteilung in eine Familien- und eine Umgebungssprache fördert jedenfalls die Zweisprachigkeit: Zu Hause wird die Erstsprache der Eltern gepflegt, in Kindergarten und Schule lernen die Kinder Deutsch.

Im Rahmen dieses Buches werde ich mich mit dem Thema „Mehrsprachigkeit in früher Kindheit. Institutionelle Möglichkeiten und praktische Empfehlungen am Beispiel Hamburgs" beschäftigen. Die Zielgruppe wird absichtlich nicht festgelegt, da Mehrsprachigkeit nicht nur für Eltern interessant sein könnte, sondern auch für StudentenInnen, ErzieherInnen und LehrerInnen, die mittels dieses Buches ihr Wissen auffrischen können.

Folgende Fragen werden untersucht: Was ist Mehrsprachigkeit genau und wie wird sie gefördert? Ist es sinnvoll, Kinder schon vor dem Schuleintritt parallel mit mehreren Sprachen zu konfrontieren, zu einem Zeitpunkt, da sie noch dem Erwerb ihrer Muttersprache nachgehen? Welche Regeln sollen Eltern beachten, damit ihr Kind effektiv parallel mehrere Sprachen lernen kann? Dabei wird auch der Frage nachgegangen, ob die Leichtigkeit, mit der Kinder in diesem Alter parallel mehrere Sprachen intuitiv und spielerisch lernen, möglicherweise überschätzt wird. Dieses Buch soll eine umfassende Übersicht über Mehrsprachigkeit, Sprachfördermodelle und praktische Empfehlungen sowie institutionelle Möglichkeiten am Beispiel der Stadt Hamburg aufzeigen.

Zu Beginn wird das oben genannte Thema im Allgemeinen erläutert. Um diesen Diskurs mit allen Konnotationen darzustellen, werden Begriffe, die in den Ausführungen immer wieder vorkommen, definiert. Ferner werden pädagogische, kulturelle und praktische Argumente für Mehrsprachigkeit in früher Kindheit genannt. Die zu Anfang gestellte Frage, was Mehrsprachigkeit genau ist und nach ihrem optimalen Zeitpunkt bei nicht alphabetisierten Kindern, wird ebenso im ersten Kapitel erörtert.

Kapitel zwei zeigt die kindliche Sprachentwicklung und die Besonderheiten von Lernenden in der frühen Kindheit auf. Erstens bestimmt die kognitive Entwicklung des Kindes Lern- und Lehrprozesse und soll daher ebenfalls mitbetrachtet werden, zweitens spielen emotionale Faktoren eine sehr große Rolle. Kinder müssen nicht zum Lernen angetrieben, sondern lediglich unterstützt werden.

Werner Bleyhl geht davon aus, dass die Reifung des Neuronennetzes in zwei Stufen verläuft. Während der Kindheit wird gleichsam der Schaltplan der Nervenvernetzung erstellt. Diese Vernetzungsmöglichkeiten sind für das geistige Potential an erster Stelle maßgeblich und können nur durch Anregungen und Förderung in den ersten Lebensjahren optimal ausgeschöpft werden. Bis zum Ende der Pubertät reift das Gehirn heran, dann ist das Netz fein geknüpft. Lernen besteht nun zumeist nur noch darin, bereits vorhandene Synapsen zu stärken oder zu schwächen. Gänzlich neue Nervenverbindungen werden nur noch selten hergestellt. Deshalb haftet Wissen umso schlechter im Gedächtnis, je später es erworben wird.[3]

Ein weiterer Punkt, der hier zu beachten ist, sind die Lernformen. Aus psychologischer, pädagogischer und aus biologischer Sicht ist seit langem bekannt, dass Spielen und Lernen zusammen gehören. *„Beim Spiel werden körperliche und geistige Fähigkeiten für das Erwachsenenleben erworben. Kinder wollen von sich aus, von Geburt an, viel lernen, sie gehen Dingen neugierig auf den Grund. Im Kindergartenalltag haben sie viele Möglichkeiten für Spiel und Gespräche untereinander. Das Spielen mit gleichaltrigen Kindern in einer Gruppe hat in der Regel einen positiven Einfluss auf die Sprachentwicklung im Allgemeinen und speziell auf Zweit-, Dritt- oder*

---

[3] Vgl. Bleyhl, Werner: *Fremdsprachen in der Grundschule.* Hannover 2000, S. 22.

Fremdsprachen, da die Kinder auch voneinander lernen (Wortwahl, Satzbau)."[4]
Didaktische Prinzipien werden ebenfalls in diesem Kapitel erörtert.

Das Kapitel drei wird den Hamburger Modellen für die Sprachförderung, sowie
zahlreichen Hinweisen und Empfehlungen von KinderärztInnen, LinguistInnen und
PädagogInnen gewidmet.

Die Verwendung mehrerer Sprachen ist mittlerweile in vielen Migrantenfamilien,
nicht nur Hamburgs, alltägliche Praxis. Die These, dass es eine strikte Trennungsli-
nie zwischen Erst- und Zweitsprache aufgrund einer rein muttersprachlichen Sprachpraxis in der Familie und der rein deutschen Sprachsituation im weiteren Umfeld
sowie in den Bildungsinstitutionen gibt, entspricht folglich nicht der Realität. Den
Migrantenfamilien wird damit eine Tendenz zur Reinerhaltung ihrer Kultur und
insbesondere ihrer Sprache unterstellt, welcher ziemlich deutlich abweicht von der
faktischen sprachlichen Lebensführung in diesen Familien. In der Praxis sind
Migrantenkinder mindestens mit zwei Sprachen konfrontiert. Mehrsprachigkeit ist
somit eine Normalität ihres Kinderlebens und sprachlichen Alltags. Belastend und
schwierig wird die Situation für sie erst durch Erwartungen und Anforderungen, die
von Seiten der an sie Erwachsenen gestellt werden. Mit der Sprache werden Ansprüche auf einer von der Sprachpraxis abgehobenen Ebene verbunden, die mit den
sprachlichen, vorrangig kommunikativen Bedürfnissen der Kinder nichts mehr
gemein haben.[5]

Die Muttersprache soll nicht verlorengehen, als Beleg für die Nähe zur Familienkul-
tur, während die deutsche Sprache als ein Gradmesser für die Integration in die
deutsche Gesellschaft gilt. Diese Ansprüche treffen auf Kinder, die mit der Sprache
kommunikative Absichten verfolgen sowie ihre mehrsprachige Kompetenz als Mittel
der kreativen Gestaltung ihrer Interaktionen einsetzen. Mit dem Eintritt in die Bildungsinstitutionen wird den Kindern die Normalität ihres mehrsprachigen Alltags
genommen. In Kindereinrichtungen werden sie mit den Einstellungen und den Haltungen konfrontiert, dass die deutsche Sprache das einzig anerkannte und zugelasse-
ne Kommunikations- und Denkmittel ist. Im Weiteren wird mit dem Eintritt in die

---

[4] Richter, Erwin; Brügge, Walburga: *So lernen Kinder sprechen.* München 2001, S. 82.

[5] Jampert, Karin: *Schlüsselsituation Sprache – Ergebnisse aus der Spracherwerbsforschung und ihr Beitrag zum Verständnis des Sprachentwicklungsprozesses bei mehrsprachigen Kindern.* Deutsches Jugendinstitut DJI (Hg.), Heft 2, 1999, S. 38.

Schule eine sprachliche Kompetenz erwartet, die sich am Sprachstand eines durch-schnittlichen, einsprachig deutsch aufwachsenden Kindes orientiert.[6] Darauf wird hier zunächst nicht weiter eingegangen. Diese Fakten sollten jedoch eine Überlegung einbringen, die für die Situation im Elementarbereich wichtig erscheint.

Die Erkenntnisse aus den einzelnen Kapiteln werden schließlich in der Schlussfolge-rung zusammengeführt und mit einem Ausblick abschließen.

---

[6] Jampert, Karin: *Schlüsselsituation Sprache – Ergebnisse aus der Spracherwerbsforschung und ihr Beitrag zum Verständnis des Sprachentwicklungsprozesses bei mehrsprachigen Kindern.* Deutsches Jugendinstitut DJI (Hg.), Heft 2, 1999, S. 39.

1. Mehrsprachigkeit in früher Kindheit

Kindliche Mehrsprachigkeit ist zu einem aktuellen Forschungsgebiet von WissenschaftlerInnen, PädagogInnen und ÄrztInnen geworden. Zahlreiche Veröffentlichungen aus der sprachwissenschaftlichen und besonders aus der neurologischen Forschung waren bzw. sind immer noch erforderlich, bis sich in der erziehungswissenschaftlichen und sprachendidaktischen Fachwelt ein Bewusstsein dafür entwickelte bzw. noch deutlicher entwickeln wird, dass das Grundschulalter als Zeitfenster für das parallele Erlernen mehrerer Sprachen fast schon zu spät sei.

Christian Lehmann vertritt folgende These: „*Plastizität gibt es in vielen Bereichen. Durch Sport im Kindesalter kann man die Beweglichkeit gezielt ausbauen. Das menschliche Gehirn bleibt bis zur Pubertät plastisch [...]. Ersteres besagt, dass die Funktionen ausgefallener Hirnregionen von anderen übernommen werden können, letzteres (die Neuroplastizität) besagt lediglich, dass man lernen kann [...] Die Phonetik ist ein klares Beispiel: Die wenigsten Erwachsenen, die eine Fremdsprache lernen, bringen es zu einer akzentfreien Aussprache. Ein Kind lernt seine Muttersprache in wenigen Jahren vollständig und mühelos handhabbar. Es lernt auch im Kindergarten und im Schulalter noch Fremdsprachen akzentfrei zu sprechen, falls es nur genug Gelegenheit bekommt. Diese Fähigkeit verliert sich bei den meisten Menschen mit der Reifung [...] Es gibt also für das Sprachlernen eine kritische Periode, die allerdings ziemlich genau mit der Phase der Neuroplastizität zusammenzufallen scheint [...]*"[7] Die besten Ergebnisse beim Spracherwerb werden nachgewiesenermaßen erzogen, indem alle Sprachen vom frühesten Kindesalter an gelernt werden. Allerdings werden erhebliche individuelle Unterschiede beachtet, die sich insbesondere auf die Fähigkeit Sprachen zu lernen, beziehen.

Lutz Götze geht ebenfalls davon aus, dass grundsätzlich aus hirnpsychologischer Sicht der frühere parallele Erwerb mehrerer Sprachen sinnvoll ist, da die dafür erforderlichen Schaltungen im Gehirn frühzeitig angelegt sind. Das Gehirn ist vorbereitet.[8]

---

[7] Lehmann, Christian: www.christianlehmann.eu/ling/elements/plastizitaet.html; Stand: 05.08.2012.

[8] Vgl. Götze, Lutz: Vom Nutzen der Hirnforschung für den Zweitspracherwerb. In: *Linguistics with a Human Face*. Graz 1995, S. 113ff.

Ralf Hexel ist der Ansicht, dass man erstaunlich wenig über die Prozesse, die sich im Hirn von Menschen abspielen, weiß [...]. Was zu wissen ist, sind die neurologischen Aktivitäten zu keinem Zeitpunkt umfassender und vielfältiger, als etwa zum Ende des zweiten Lebensjahres. In diesen frühen Jahren, aber auch in den weiteren Jahren der Kindergartenzeit, werden neurologisch die Grundlagen für Lern- und Wahrnehmungsfähigkeiten gelegt, die das ganze weitere Leben beeinflussen. [...] Diese sind eine entscheidende Voraussetzung für ein erfolgreiches Leben in einer Gesellschaft, in der Wissens- und Kompetenzerwerb immer wichtiger wird.[9]

1.1 Was heißt Mehrsprachigkeit?

Um zu verstehen, was Mehrsprachigkeit ist, erscheint es sinnvoll, zunächst eine Definition von Sprache im Allgemeinen voranzustellen.

„Sprache ist das umfassendste und differenzierteste Ausdrucksmittel des Menschen, zugleich die höchste Erscheinungsform sowohl des subjektiven, wie auch des objektiven Geistes. Die Sprache hat sich aus Naturlauten entwickelt. Jeder Schrei ist schon eine Art Sprache. An der Verbesserung dieses wichtigen, wenn auch noch primitiven Verständigungsmittels arbeitete der Mensch, indem er den Schrei zu gestalten suchte"[10]

Jürgen Trabant bezeichnet die Sprache als eine genetisch gegebene Fähigkeit des Menschen, im Gehirn mentale Einheiten auf eine Art und Weise zu kombinieren, wie dies kein anderes Lebewesen vermag.[11]

Laut Els Oksaar ist Sprache ein Zeichensystem: *„Sie dient dem Menschen in Denk-, Erkenntnis- und sozialen Handlungsprozessen als Werkzeug. Somit ist Sprache das wichtigste Ausdrucks- und Kommunikationsmittel des Menschen. Die Sprache jeder Gemeinschaft spiegelt deren spezifische Lebenswelt wider, sie organisiert diese,*

---

[9] Vgl. Hexel, Ralf; Jorch, Gerhard: *Die Chancen der frühen Jahre nutzen – Lernen und Bildung im Vorschulalter*. Magdeburg 2004, S. 42.

[10] Kühnle, Reinhold Günter: Zur Verbindung des englischen Geistes mit der europäisch-abendländischen Leitkultur. In: Opperrmann Eva (Hg.): *Literatur und Lebenskunst. Literature and the Art of Living. Festschrift für Gerd Rohmann*. Kassel 2006, S. 29.

[11] Vgl. Trabant, Jürgen: *Was ist Sprache?* München 2008, S. 12.

transportiert kulturelle Elemente und vermittelt Mitgliedern einer Sprachgemein-
schaft Wissen über die Welt und die Konstruktionen geteilter Wirklichkeit."[12]

Um nun Definition von Mehrsprachigkeit einzuführen, werden zunächst die wich-
tigsten Fachbegriffe aus der Sprachwissenschaft erklärt. Mit deren Hilfe ist es möglich, unterschiedliche Gesichtspunkte der Sprache eines Kindes zu benennen und sie
voneinander zu unterscheiden

*„Jakob, der Neffe meines Ehemannes, stammt aus einer Familie jüdischer Herkunft
und wuchs zunächst in Israel auf. Seine Eltern sprachen mit ihm zunächst nur hebräisch. Sein erstes Wort war „Ima" – das hebräisch Wort für „Mama". Mit einem
Jahr zogen seine Eltern nach Deutschland. Jakob kam in eine Kindergruppe, in
welcher seine Spielkameraden und die Betreuerin, zu neuen – deutschsprechenden -
Bezugspersonen wurden. Sein Alltagshorizont weitete sich aus, auf dem Spielplatz
und im Umgang mit den Freunden seiner Eltern, war Jakob immer häufiger mit der
deutschen Sprache seiner weiteren Umgebung konfrontiert. Zu seinem deutschen
Lieblingswort wurde das Wort „dahin" und er verstand, dass deutsche Kinder zu
ihrer „Ima" "Mama" sagen. Schließlich kam Jakob in den Kindergarten und verwendet heute die deutsche Sprache immer leichter und selbstverständlicher. In dem
Kindergarten kommt nun noch eine weitere Sprache hinzu, zweimal in der Woche
darf er „Engländer spielen". Er trägt dann einen englischen Namen und lernt Wörter wie: car, cat und dog. Für ihn ist es ganz deutlich, dass es irgendwo auf der Welt
kleine Jungs und Mädchen gibt, die nicht „Ima" und nicht „Mama", sondern
„mum" zu ihrer Mutter sagen."[13]*

Die erste Sprache, die der kleine Junge lernte, war Hebräisch. Das ist die Sprache, in
der er seine ersten Worte sagen konnte und es ist wahrscheinlich auch die Sprache,
die ihn ein Leben lang an seine Kindheit und an seine Mutter erinnern wird. Hebräisch ist deshalb für Jakob seine **Erstsprache.** Darunter wird im Allgemeinen die
Sprache verstanden, die der Mensch zuerst erworben hat.[14] Oft wird Erstsprache

---

[12] Oksaar, Els. 2009, S. 16.; zitiert nach: Lengyel, Drorit: *Zweitspracherwerb in der Kita. Eine
Integrative Sicht auf die sprachliche und kognitive Entwicklung mehrsprachiger Kinder.* Münster
2009, S. 17.; http://www.e-cademic.de/data/ebooks/extracts/9783830920861.pdf; Stand 11.10.2012.

[13] Young, Irina, 2012.

[14] Vgl. Oksaar, Els. 2003, S. 13.; zitiert nach: Boos-Nünning, Ursula; Karakasoglu, Yasemin: *Viele
Welten leben. Zur Lebenssituation von Mädchen und jungen Frauen mit Migrationshintergrund.*
Münster 2005, S. 236.

neben der Abkürzung „L1" (für first language) auch synonym mit **Muttersprache** verwendet. „*Das ist die Sprache eines Individuums, die es mit den Mitgliedern einer homogenen Kulturgemeinschaft gemeinsam hat. Darüber hinaus verspürt das Individuum eine affektive Bindung zur Gruppe auf Grundlage der Muttersprache.*"[15] Es ist allerdings zu beachten, dass es sich um eine offizielle EU-Sprache oder um eine nicht-europäische Sprache handeln kann, die von Migranten gesprochen wird.

Familiensprachen sind in diesem Sinne alle Sprachen, die innerhalb einer Familie zur Kommunikation der Familienmitglieder untereinander verwendet werden. Je nachdem, ob Mutter und Vater dieselbe oder unterschiedliche Sprachen mit dem Kind sprechen, ob das Kind von einer anderen Bezugsperson als den Eltern eine andere Sprache regelmäßig hört oder ob es außerdem noch weitere Familiensprachen gibt, spricht man von mono-, bi- oder multilingualem Erstspracherwerb.[16]

Als Jakob in die Kindergruppe kam, lernte er im Umgang mit neuen Freunden und der Betreuerin seine zweite Sprache. Er lernte Deutsch, um mit den anderen Kindern spielen und kommunizieren zu können.

Der Begriff **Zweitsprache** wird in verschiedenen Kontexten unterschiedlich verwendet. Hans Barkowski schlägt eine Einteilung in drei wesentliche Bereiche vor:
- Die konkret-sprachlichen Produktionen von Zweitsprachenlernern in ihrer zweiten Sprache bzw. deren gesamte zweisprachliche Kompetenz
- das Unterrichtsfach, das die Vermittlung einer Zweitsprache zum Gegenstand hat
- die (Teil-) Disziplin der Wissenschaften vom Lehren und Lernen der Sprachen, die sich mit dem Erwerb von Zweitsprachen sowie mit deren unterrichtlicher Vermittlung beschäftigt.[17]

Eduard Blocher beschreibt Zweisprachigkeit als: „*die Zugehörigkeit eines Menschen zu zwei Sprachgemeinschaften in dem Grade, dass Zweifel darüber bestehen können,*

---

[15] Lengyel, Drorit: *Zweitspracherwerb in der Kita. Eine integrative Sicht auf die sprachliche und kognitive Entwicklung mehrsprachiger Kinder*. Münster 2009, S. 17.

[16] Vgl. Boeckmann, Klaus-Börge: Grundbegriffe der Spracherwerbsforschung. In: *Starten schon im Kindergarten*. Heft 7, 15. Jahrgang. München 2006, S. 38.

[17] Vgl. Barkowski, Hans: Zweitsprachenunterricht. In: Bausch, Karl-Richard; Christ, Herbert; Krumm, Hans-Jürgen (Hg.): *Handbuch Fremdsprachenunterricht*. o. O, 2007, S. 157.

zu welcher der beiden Sprachen das Verhältnis enger ist, oder welche als Mutter-
sprache zu bezeichnen ist, oder welche mit größerer Leichtigkeit gehandhabt wird,
oder in welcher man denkt."[18]

Schließlich lernt Jakob nun Englisch zweimal in der Woche in dem Kindergarten.
Kein Familienmitglied spricht mit ihm Englisch und er muss der Kindergärtnerin
glauben, wenn sie erzählt, dass es Länder gibt – noch viel weiter weg als Deutschland und Israel – in denen alle Leute so sprechen, wie die Kinder es hier in dem
Kindergarten lernen. Die Sprache eines fremden Landes, die er brauchen wird, wenn
er groß ist und reisen möchte; dies ist seine erste **Fremdsprache.** „*Eine Fremdspra-*
che ist eine Sprache, die nicht vom eigenen Volk, Volksstamm o.Ä. gesprochen wird
und die man zusätzlich zu seiner eigenen Sprache erlernen kann [..].*"[19]

Diese Definition ist in dem linguistischen Wörterbuch „Babylon" zu finden: „*Eine*
Fremdsprache ist eine Sprache, die nicht die Muttersprache einer Person ist. Eine
solche fremde Sprache eignet sich eine Person nur durch bewusstes Lernen – sei es
in der Schule, durch Sprachkurse oder autodidaktisch – oder spielerisch als im
fremden Sprachraum lebendes Kind an."[20]

Im Gegensatz zur primär erlernten Sprache, der Muttersprache, wird eine Fremdsprache in der Regel in einer Bildungsinstitution erlernt, ohne dass der alltägliche
Sprachkontakt in dieser Sprache gegeben ist. Durch diesen fehlenden Sprachkontakt
und die fehlenden authentischen Kommunikationssituationen wird im Fremdsprachenunterricht oft eine vereinfachte, didaktisierte, nach Wortschatz und Grammatik
sequenzierte Sprache vermittelt.[21]

Wichtig ist die Unterscheidung der Zweitsprache von einer Fremdsprache, auf die
die zitierte Einteilung ebenfalls anwendbar ist. Eine Zweitsprache wird in der Regel
in einem muttersprachlichen Kontext gelernt, d.h. in einer Umgebung, in der diese

---

[18] Blocher, Eduard. 1909, S. 17.; zitiert nach: Lengyel, Drorit: *Kindliche Zweisprachigkeit und*
Sprachbehindertenpädagogik. Eine empirische Untersuchung des Aufgabenfeldes innerhalb der
sprachheiltherapeutischen Praxis. Köln 2001, S. 13.

[19] http://www.babylon.com/definition/Fremdsprache/; Stand 20.09.2012

[20] http://woerterbuch.babylon.com/fremdsprache/; Stand 2.10.2012

[21] Vgl. Boeckmann, Klaus-Börge: Grundbegriffe der Spracherwerbsforschung. In: *Starten schon im*
Kindergarten. Heft 7, 15. Jahrgang. München 2006, S. 38f.

Sprache zumindest von Teilen der Bevölkerung gesprochen und im täglichen Leben verwendet wird. Der Zweitspracherwerb erfolgt dabei weitgehend ohne unterrichtliche Unterstützung und weist hierbei Parallelen zum Erstspracherwerb auf. *„Der Unterschied zum Erstspracherwerb liegt in der Sprachkompetenz der Lernenden: Da sie bereits über eine Erstsprache verfügen, können sie beim Zweitspracherwerb auf deren Strukturen aufbauen."* [22]

Jede weitere Sprache, die zusätzlich zur ersten Zweitsprache erlernt wird, bezeichnet man als **Drittsprache**. Synonym dafür werden auch der Begriff **Tertiärsprache** und die Abkürzung „L3" verwendet. Wie viele Sprachen das sind, ist dabei nicht relevant.

Der Begriff **Begegnungssprache** wird für jede der oben genannten Kategorien der Sprache, außer der Muttersprache, in diesem Buch aufgeführt.

Was ist Mehrsprachigkeit? Ist der Begriff überhaupt auf die Kinder in der frühen Kindheit anwendbar? Tatsächlich ergibt eine Recherche in der Literatur und im Internet, dass in der Regel mit „Mehrsprachigkeit" je nachdem, was man unter "Sprache" versteht, etwas anderes gemeint ist. Im allgemeinen Sprachgebrauch wird anstelle von Mehrsprachigkeit häufig der Begriff Zweisprachigkeit/Bilingualismus verwendet. Mit Zweisprachigkeit oder Bilingualismus ist gemeint, dass zwei Sprachen zur gleichen Zeit erworben werden, d. h. das Kind lernt parallel die Laute, Wörter und die Grammatik von mindestens zwei unterschiedlichen Sprachen. Dies bedeutet, dass sich beide Sprachen aufgrund der Laute, des Wortschatzes und der Grammatik, aber auch aufgrund ihrer Geschichte und ihres soziokulturellen Hintergrundes unterscheiden lassen. Der gleichzeitige Erwerb von Hochdeutsch und Sächsisch wird aber nicht als mehrsprachig verstanden. [23]

Aus der nachfolgenden Beschreibung: "*Sprache ist eine ausschließlich dem Menschen eigene, nicht im Instinkt wurzelnde Methode, zur Übermittlung von Gedanken, Gefühlen und Wünschen mittels eines Systems von frei geschaffenen Symbolen*" [24],

---

[22] Boeckmann, Klaus-Börge: Grundbegriffe der Spracherwerbsforschung. In: *Starten schon im Kindergarten*. Heft 7, 15. Jahrgang. München 2006, S. 40.

[23] Zitiert nach: Sozialpädagogischem Institut Gütersloh e. V: http://www.spi-gt.de/site/index.php?Fort bildungen:Sprachentwicklung%E2%80%89%E2%80%A6; Stand 21.09.2012

[24] zitiert nach: Lyons, John, 4. Auflage. 1992, S. 13.

ergibt sich, dass Mehrsprachigkeit oder Bilingualismus die Verwendung unterschiedlicher Symbolsysteme (sprachliche, z. B. Wörter und nichtsprachliche Zeichen, wie Gestik, Mimik und Gebärden) sei. Dieses Verständnis beinhaltet, dass alle Menschen mehrsprachig aufwachsen. Diese Annahme wird von Rosemarie Tracy bestätigt: "*Demographisch betrachtet ist Mehrsprachigkeit keine Ausnahme, sondern Normalität [...] aus sprachwissenschaftlicher Perspektive (ist) Einsprachigkeit eigentlich eine Fiktion.*" Unter sprachwissenschaftlichen Aspekten ist die Beherrschung von Dialekten, unterschiedlichen Sprachstilen und Fachsprachen als mehrsprachige Kompetenz anzusehen, in der sich die "*grundlegenden Fähigkeiten des menschlichen Gehirns, mit mehr als einer Sprache umzugehen" widerspiegelt.*[25]

In der vorliegenden Arbeit wird die gesamte Zeit von der Geburt bis zur Einschulung als **frühe Kindheit** verstanden. Das ist eine Zeit der bemerkenswerten körperlichen, kognitiven, sprachlichen, sozialen und emotionalen Entwicklung. Das parallele Erlernen mehrerer Sprachen wird oft in Kindertageseinrichtungen angeboten. Es ist wichtig anzudeuten, dass bilingualer Spracherwerb im gesamten häuslichen Umfeld sowie in einer Kindereinrichtung erfolgen kann, dies soll ebenfalls in der vorliegenden Arbeit behandelt werden.

Unter **Frühförderung** bei dem parallelen Erlernen von Sprachen, wird die Möglichkeit verstanden, Kinder ab dem Moment ihrer Geburt oder ihrer Aufnahme in Kindereinrichtungen sprachlich zu begleiten und sie mit einem natürlichen, durchdachten und möglichst intensiven Sprachangebot zu versorgen.[26] Im Idealfall geschieht dies in der mehrsprachigen Familie oder in einer Kleingruppe, damit ErzieherInnen Gelegenheit haben, einzelne Kinder in ihrem sprachlichen und sprachbezogenen Verhalten zu beobachten und zu beschäftigen.

Unter institutioneller Möglichkeit wird im Rahmen dieser Arbeit vom Kindergarten die Rede sein. Unter dem Begriff **Kindergarten** werden im Folgenden alle Kindertagesstätten gefasst, also auch solche, die von Kindern unter drei Jahren besucht werden. Diese Begriffsverwendung resultiert daraus, dass die Begriffe Kindertagesstätte oder Kindertageseinrichtung, laut Christina Preissing, keine positiven Assozia-

---

[25] Vgl. Tracy, Rosemarie. 2006a; zitiert nach: Deutscher Bundesverband für Logopädie e.V; http://www.dbl-ev.de/index.php?id=1704; Stand 23.09.2012

[26] Tracy, Rosemarie: *Wie Kinder Sprachen lernen und wie wir sie dabei unterstützen können.* Tübingen 2008, S. 157.

tionen wecken, sondern mehr auf eine 'verwaltete' Kindheit verweisen.[27] Als Synonym für den Begriff Kindergarten werden in der vorliegenden Arbeit ebenfalls die Begriffe Kita und Kindertagestätte verwendet, um die wünschenswerte Verknüpfung zwischen Kindergarteneinrichtungen stärker zu betonen.

Bei der Definition der Aneignung von Sprachen ist eine Unterscheidung in **Lernen** und **Erwerben** sinnvoll. Diese Begrifflichkeiten werden zwar in der Alltagssprache wie in Publikationen oft synonym gebraucht, sollten aber im wissenschaftlichen Diskurs bewusst verwendet und voneinander abgegrenzt werden.

Sprachentwicklung [28]

Lernen	Erwerben
gesteuertes Lernen	natürliches Lernen
explizites Lernen	implizites Lernen
bewusstes Lernen	unbewusstes Lernen

Während mit „Erwerb" das weitgehend: *„unbewusste, beiläufige Aneignen einer Sprache"* gemeint ist, werden mit „Lernen" *„bewusste Sprachverarbeitungsprozesse bezeichnet."*[29] Die Erstsprache erwirbt das Kind, da beim Kleinkind nicht von einem intentionalen Lernprozess gesprochen wird – auch dann nicht, wenn die Eltern es z. B. durch strukturierte Übungen für die richtige Verwendung verschiedener Pluralbildungen sensibilisieren wollen. Eine Fremdsprache wird meist in einem Unterrichtskontext erlernt. Eine Unterscheidung in formelle Situationen mit Unterricht und informelle Situationen ohne Unterricht wird allein auf die Lehrenden bezogen. Tatsächlich können beide Formen, sowohl Lernen als auch Erwerben, von den Lernenden selbst gesteuert oder von einem Interaktionspartner initiiert und strukturiert werden. Sowohl Selbst- als auch Fremdsteuerung ist also in beiden Kontexten gegeben. Allerdings sind die Übergänge fließend. Vor allem in der frühen Sprachvermitt-

---

[27] Preissing, Christina: Vorurteilsbewusste Bildung und Erziehung im Kindergarten. Ein Konzept für die Wertschätzung von Vielfalt und gegen Toleranz. In: Preissing, Christina; Wagner, Petra: *Kleine Kinder – keine Vorurteile? Interkulturelle und vorurteilsbewusste Arbeit in Kindertageseinrichtung.* o.O, 2003, S. 12.

[28] Edmondson, Willis; House, Juliane: *Einführung in die Sprachlernforschung.* Tübingen 2000, S. 11.

[29] Vgl. Apeltauer, Ernst: *Grundlagen des Erst- und Fremdsprachenerwerbs. Eine Einführung.* Berlin, München, Wien, Zürich, New York (= Fernstudieneinheit 15) 2006, S .14.

lung werden Sprachenlernen und Erstspracherwerb immer wieder parallel geführt und mit den gleichen Verlaufsmustern erklärt.[30]

Nach der Ansicht von Rosemary Tracy wird das Kind als Akteur seiner Entwicklung betrachtet, als ein sich organisierendes System, das einerseits mit seiner Umwelt im Austausch steht und sie sich aneignet und anderseits seinen Entwicklungsprozess selbst reguliert und organisiert. Entwicklung bedeutet eine dynamisch-prozesshafte qualitative Veränderung bereits angeeigneter Funktionen und Fähigkeiten.[31]

Bei den praktischen Empfehlungen, welche in dieser Arbeit vorgestellt werden, findet ein solcher Eingriff von pädagogisch-didaktischer Seite statt. Die Lerninhalte werden kindgerecht aufbereitet, Vokabeln durch mehrere Sinneskanäle vermittelt, Bewegungselemente und ein kreativer Umgang mit Sprache bewusst in den Sprach-lernprozess eingebaut. Um über kindliche Mehrsprachigkeit sprechen zu können, muss allerdings das Kind selbst aktiv in den Lernprozess eingebunden werden.

1.2 Diskussion um das „Für und Wider" der kindlichen Mehrsprachigkeit und den optimalen Zeitpunkt für das parallele Erlernen mehrerer Sprachen.

Wie bereits dargestellt, wird die kindliche Mehrsprachigkeit weiter intensiv unter-sucht, gefördert und gefordert. Ein erster Kontakt mit mehreren Sprachen wird schon vor Schuleintritt empfohlen. Trifft dann aber die Gleichung „Je früher – desto bes-ser!" das pädagogisch Gewollte? Die Komplexität dieser Lernprozesse und das „Für und Wider" der parallelen Begegnung mit mehreren Sprachen, wird im folgenden Abschnitt beleuchtet.

Sprache ist in erster Linie ein Instrument zur Herstellung sozialer Kontakte. Dieser Grundsatz, dem in der gesunden Aneignungssituation der Erstsprache eines Kindes meist instinktiv entsprochen wird, ist auch bei der Mehrsprachigkeit zu berücksichti-gen. Norbert Huppertz schlägt folgende Argumente aus verschiedenen Bereichen vor, die insbesondere für eine Vielfalt des Sprachenerwerbs herangezogen werden können:

---

[30] Vgl. Apeltauer, Ernst: *Grundlagen des Erst- und Fremdsprachenerwerbs. Eine Einführung.* Berlin, München, Wien, Zürich, New York (= Fernstudieneinheit 15) 2006, S .15f.

[31] Tracy, Rosemarie: *Wie Kinder Sprachen lernen und wie wir sie dabei unterstützen können.* Tübin-gen 2008, S. 141.

- Sprachen öffnen den Zugang zu fremden Kulturen und Völkern. Verständigung in „anderen Zungen" ist vielleicht der Ausweg aus der babylonischen Gefangenschaft und damit eine echte Chance, auseinander driftende Partikulargesellschaften zu einem neuen Ganzen zusammenzuführen. Die Begriffe Weltgesellschaft und Weltbürgertum wurden mehrfach genannt und machen Sinn in diesem Zusammenhang.

- Ökonomisch: Es ist nicht nur menschlich, sondern auch wirtschaftlich gesehen schlichtweg unrentabel, Kinder erst mit zehn Jahren mehrere Sprachen lernen zu lassen; dies ist vergeudetes Potenzial und eine vertane Chance.

- Anthropologisch: Das parallele Erlernen mehrerer Sprachen ist im frühkindlichen Alter bereits möglich, es schadet den Kindern nicht.

- Grenznähe: Für alle Kinder, die in Grenzgebieten leben, gilt, dass sie möglichst früh die Sprache des Nachbarn erlernen sollten. Das ist auch der beste Schutz gegen Vorurteile und Fremdenfeindlichkeit.

- Neurodidaktisch: Durch die Erfahrung, die das Kind in seiner frühen Zeit mit der anderen und mit seiner Muttersprache macht, binden sich tatsächlich vorteilhafte Hirnstrukturen aus, die das Erlernen aller weiteren Sprachen erleichtern. Dieses ist nur in der frühen Kindheit möglich.

- Lernpsychologie: Kinder lernen nie mehr so leicht (allein schon durch Imitation), wie in der frühen Kindheit; es handelt sich um eine sensible Phase, in der es primär motiviert ist.[32]

Neben sprachlichen, kognitiven und arbeitsmarktpolitischen Argumenten, ist es ebenfalls die Förderung kindlicher Kompetenzen, die für die frühkindliche Sprachenvermittlung sprechen. So werden „*die Ich-Kompetenz des Kindes, seine soziale Kompetenz, die Motorik, kommunikative Fertigkeiten, Gestaltungskompetenz, Achtsamkeit und seine emotionale Kompetenz gefördert*", sowie „*Wertschätzung des Sprachpotentials in der Gruppe*" und „*das gesteigerte Selbstvertrauen bei den Lernenden.*"[33] Angelika Hüfner betont: „*Sprachen lernen heißt auch Ängste nehmen.*"[34]

---

[32] Vgl. Huppertz, Norbert: Heute gelernt, morgen gelehrt – Französisch so früh! Das Projekt am Oberrhein. In: *Fremdsprachenerwerb- Wie früher und wie anders?* Workshop des Forum Bildung am 14. September. Berlin 2001, S. 31f.

[33] Hübner, Klaus: Mit Kindern die Natur - und Sprache - erleben. In: Frühes Deutsch (Hg.) *Vom Huhn zum Spiegelei. Erkenntnisse und Beispiele aus dem integrierten Sprach- und Sachunterricht.* Heft 11, 16. Jahrgang. München 2007, S. 30f.

Dies sind Gründe, die einer erwachsenen Sichtweise zufolge für frühkindliche Mehrsprachigkeit sprechen und wahrscheinlich die Eltern überzeugen sollen, ihre Kinder eine weitere Sprache erlernen zu lassen. Kinder denken nicht an Berufsmöglichkeiten. Sie haben Spaß am Entdecken und dem Kommunizieren mit Kindern aus anderen Sprachgruppen. *„Die Motivation für die Begegnung mit einer weiteren Sprache liegt beim Kind im Hier und Jetzt, wenn genügend kindgerechter Anreize für das Sprachenlernen geboten wird. Voraussetzung dafür sind Vermittlungsmethoden, die nicht nur die sprachlichen Fertigkeiten des Kindes im Auge haben, sondern das Kind ganzheitlich fördern und fordern.“*[35]

Allerdings gibt es immer noch zahlreiche Vorurteile, die gegen ein frühes Vermitteln einer weiteren Sprache sprechen. Wissenschaftliche Positionen, die beispielsweise besagen, „die Kinder sollen erst mal richtig Deutsch lernen“, sind inzwischen nicht mehr haltbar. Dass eine Sprache aber nur dann erfolgreich erlernt werden kann, wenn die Vermittlung möglichst früh einsetzt, *„solange das Gehirn noch die notwendige Flexibilität dafür aufweist“*, bezeichnet Guilio Pagonis als eine der Mythen, *„die zwar dem wissenschaftlichen Diskurs entstammen, dabei aber nur eine von mehreren Auffassungen wiedergeben und die Sachlage damit erheblich verkürzen.“*[36]

Zu welchem Zeitpunkt der sprachlichen Entwicklung des Kindes bietet sich ein erster Einstieg in eine weitere Sprache an? Dazu werden ebenso unzählige Argumente angeführt. *„Kinder sind neugierig, begeisterungsfähig und offen für alles.“*[37] Sie sind große Mimen und saugen Informationen auf *„wie ein Schwamm.“*[38] Dies sind natürlich vor allem Stimmen, die frühkindliche Mehrsprachigkeit aus verschiedensten Interessen propagieren wollen. Manche Argumente verwenden auch das Ausschlussverfahren. So setzt sich z. B. Leonora Fröhlich-Ward, Peter Graf und Helmut Tellmann etwa für Mehrsprachigkeit im Kindergarten ein, obwohl sie den „vernünftigs-

---

[34] Hüfner, Angelika. In: *Fremdsprachenerwerb- Wie früher und wie anders?* Workshop des Forum Bildung am 14. September. Berlin 2001, S. 78.

[35] Huppertz, Norbert: Heute gelernt, morgen gelehrt – Französisch so früh! Das Projekt am Oberrhein. In: *Fremdsprachenerwerb- Wie früher und wie anders?*, Workshop des Forum Bildung am 14. September. Berlin 2001, S. 31f.

[36] Vgl. Pagonis, Guilio: Der Altersfaktor in Theorie und Praxis. In: Ahrenholz, Bernd; Klein Wolfgang (Hg.): *Worauf kann sich der Sprachunterricht stützen?* Stuttgart 2009, S. 113f.

[37] Hüther, Gerald: Singen ist „Kraftfutter“ für Kindergehirne. In: *Frühes Deutsch* (Hg.), Heft 13, 2008, S. 8f

[38] Wappelshammer, Elisabeth; u.a: Fremdsprachen im Kindergarten. In: Kühne, Norbert (Hg.), *Praxisbuch Sozialpädagogik. Arbeitsmaterialien und Methoden.* Bd. 6. Troisdorf 2008, S. 63.

ten" Zeitpunkt für den Einstieg in Mehrsprachigkeit aus pädagogischer Sicht am Beginn der Grundschulzeit des Kindes sehen. Gerade die besondere Zeit des ersten Schuljahres aber berge *„die Gefahr einer Überforderung des Kindes, wenn es neben dem Erwerb der grundlegenden Kulturtechniken des Lesens, Schreibens und Rechnens gleichzeitig eine Fremdsprache zu lernen hätte"*[39]

Es liegen allerdings zahlreiche Studien vor, die sich detailliert mit den Vor- und Nachteilen von frühkindlicher Mehrsprachigkeit auseinandersetzen. Ein früher Start bedeutet nicht automatisch nur Vorteile beim Sprachenlernen. *„Die Behauptung, Kinder seien einer weiteren Sprache gegenüber positiv eingestellt und lernten diese in der entsprechenden Umgebung spielend und ohne Schwierigkeiten, bedarf der Relativierung"*. Kinder, die sich in einer neuen Umgebung erst zurechtfinden und eine fremden Sprache erlernen sollen, können sich z. B. weigern, *„sowohl die Sprache des Ziellandes, als auch jede zusätzlich angebotene Sprache zu erwerben/ zu lernen, wenn sie sich überfordert fühlen."*[40]

Generell kann festgehalten werden: *„das parallele Erlernen von mehreren Sprachen an sich kann keine negative Folgen haben."*[41] Die Gefahr besteht lediglich in der psychischen Überforderung des Kindes, wenn es durch eine zu hohe Erwartungshaltung etwa der Eltern oder der PädagogInnen unter Druck gesetzt wird. *„Kinder reagieren ebenso sensibel auf Stresssituationen, wie sie offen für fremde Sprachen sind. Soweit allerdings Kinder frühzeitig mit dem Lernen einer weiteren Sprache beginnen, ohne dass ausreichende Lernhilfen oder ein zuverlässiges Konzept vorhanden sind, kann dies den Kindern eher schaden als nutzen. Enttäuschende Ergebnisse können dazu führen, dass die Vorteile der frühen Mehrsprachigkeit insgesamt angezweifelt werden."*[42]

---

[39] Fröhlich-Ward, Leonora: Fremdsprachenunterricht im Vorschul- und Primarbereich. In: Bausch, Karl-Richard; Christ, Herbert; Krumm, Hans-Jürgen (Hg.): *Handbuch Fremdsprachenunterricht* 2007, S. 199. und Graf, Peter; Tellmann, Helmut: *Vom frühen Fremdsprachenlernen zum Lernen in zwei Sprachen. Schulen auf dem Weg nach Europa.* (= Europäische Bildung im Dialog. Region – Sprache – Identität, Bd. 5). Frankfurt am Main 1997, S. 75f.

[40] Leopold-Mudrack, Annette: *Fremdsprachenerziehung in der Primarstufe. Vorraussetzungen, Konzept, Realisierung.* Münster 1998, S. 40f.

[41] Vgl. Gombos, Georg: Bildungschance frühkindliche Mehrsprachigkeit. Frühkindlicher Sprachenerwerb durch mehrsprachige Kindergärten. In: James, Allan (Hg.): *Vielerlei Zungen. Mehrsprachigkeit+Spracherwerb+Pädagogik+Psychologie+Literatur+Medien.* Klagenfurt 2003, S. 50.

[42] EKM (Europäische Kommission für Mehrsprachigkeit) 2008, http://ec.europa.eu/education/languages/languagelearning/doc149_de.htm; Stand 18.09.2009

Das kindliche Gehirn ist für den Lernvorgang optimal ausgestattet. Die Hirnforschung weist uns darauf hin, dass die neuronale Plastizität des Gehirnes bis zum 4. Lebensjahr am stärksten ist. *„Gelingt es, in dieser Zeit den Kindern eine oder mehrere Sprachen qualitativ gut näher zu bringen (mit ihnen zu kommunizieren), dann kann dies für das Erlernen von Sprachen im weiteren Leben positive Auswirkungen haben. Dieses Zeitfenster sollte also optimal genutzt werden."*[43] Das Zeitfenster, das Gombos anspricht, läuft in der Fachliteratur auch unter der Bezeichnung „sensible Phase" oder „kritische Periode". Diese „Hypothese der kritischen Periode" wurde erstmals von Eric Lenneberg formuliert: *„Thus we may speak of a critical period for language acquisition. At the beginning it is limited by a lack of maturation."*[44] Ebenfalls diese Hypothese nennt Guilio Pagonis einen Mythos, der den Forschungsdiskurs trotz verschiedener anderer Argumentationsrichtungen bis heute dominiert. In der Tat trifft die Hypothese der kritischen Periode für den Mutterspracherwerb zu, kann jedoch nicht vorbehaltlos auf den Fremdsprachenerwerb übertragen werden. Die Praxis der Sprachenvermittlung bleibt laut Guilio Pagonis: *„dem Einfluss erwerbstheoretisch ungesicherter Initiativen ausgeliefert und die Existenz einer Vielzahl kontroverser Vermittlungsmethoden unausweichlich"*[45]

Diesen Vorwurf ernst nehmend, stützt sich diese Arbeit in der Beschreibung der praktischen Empfehlungen der frühkindlichen Mehrsprachigkeit auf fundierte Erkenntnisse der Kindergarten-Didaktik, die auf den Sprachenlernprozess umgelegt werden. So stark die Hypothese der kritischen Periode aber kritisiert wird, kann doch von sensiblen Phasen für bestimmte Bereiche des Spracherwerbs ausgegangen werden. Die sicherste Erkenntnis liegt im Bereich der Phonologie. *„Der Erwerb einer akzentfreien Aussprache kann nur im Kindesalter stattfinden, wobei für das Ende dieser Phase unterschiedliche Altersgrenzen angegeben werden, auch abhängig von der Leistung des Gehörs."*[46] Weiter gehen die optimalen Entwicklungsphasen für bestimmte Aspekte der Morphosyntax schon im Alter von vier bis sechs/sieben

---

[43] Gombos, Gerorg: Sprachliche *Frühförderung schon im Vorschulalter – im Rahmen einer Förderung individueller Mehrsprachigkeit (Plurilingualismus)*. 2005, S. 1.; http://www.zv-wien.at/download /bildungspolitiknational/20050622gombosbildungskonferenz.pdf; Stand 27.09.2012

[44] Vgl. James, Leon: http://www.soc.hawaii.edu/leonj/499s99/cachola/chpt2/chptr2.html; Stand 7.12.2012

[45] Pagonis, Guilio: Der Altersfaktor in Theorie und Praxis. In: Ahrenholz, Bernd; Klein, Wolfgang (Hg.): *Worauf kann sich der Sprachunterricht stützen?* Stuttgart 2009, S. 115f. u. 124.

[46] Leopold-Mudrack, Annette: *Fremdsprachenerziehung in der Primarstufe. Vorraussetzungen, Konzept, Realisierung.* Münster 1998, S. 37f.

Jahren zu Ende. Demnach kann Sprachenvermittlung im frühen Kindergartenalter den Erwerb von einer weiteren Sprache bedeutend erleichtern.[47]

Für die Identifizierung einer sensiblen Phase als Determinante für den Spracherwerb wurden vor allem Studien über so genannte „Wolfskinder" herangezogen. Dies zeigt sich an einem Beispiel Rolf Oerters, der den Fall des Mädchens Genie, welches im April 1957 in Kalifornien geboren wurde, untersucht hat. Genie musste vom 4. bis zum 11. Monat wegen eines angeborenen Defektes ihrer Hüfte geschient werden. Sie erkrankte mit 14 Monaten so schwer, dass die Ärzte die Eltern auf die Gefahr einer Retardierung hinwiesen. Leider fasste der anscheinend psychisch gestörte Vater die Warnung als Tatsache auf und sperrte Genie in einen sehr kleinen Raum, in dem sie, tagsüber und manchmal auch nachts, auf einem Stuhl festgebunden wurde. Die übrige Zeit lag sie in einem Kinderbett, das mit einem Drahtnetz auf allen Seiten und nach oben ausgestattet war. Ihre zunehmend erblindende Mutter gab ihr nur das Notwendigste und der Vater misshandelte sie körperlich, wenn sie irgendeinen Laut von sich gab. So redeten der Vater und auch der gesunde Bruder nicht ein Wort mit Genie, bellten sie aber manchmal wie Hunde an. Im Jahre 1970 wurde Genie befreit. Sie konnte nicht aufrecht stehen, war unsauber und gab keine Laute von sich, kein Lachen, kein Weinen. In der Zeit nach der Befreiung fing sie von selbst an, einzelne Wörter zu sprechen. Sie erhielt gezielten Sprachunterricht, sobald ihr Sozialverhalten es zuließ. Allerdings erlernte sie niemals, eine Sprache zu sprechen und sie blieb sozial gesehen, weitgehend ein "wildes" Kind.[48]

Dies führte zu der Feststellung, dass Kinder, die erst nach der Pubertät eine Sprache erlernen, diese nicht mehr ausreichend erlernen können. Deutlich wurde hierdurch zudem, dass die Aneignung von Sprache nicht nur von inneren Reifungsvorgängen, sondern im Besonderen von Interaktionserfahrungen abhängig ist.[49]

In der Fachliteratur gilt als Konsens der Altersempfehlung für den Beginn frühkindlicher Mehrsprachigkeit und ihre Vermittlung, die Zeit ab dem dritten Lebensjahr.

---

[47] Vgl. Meisel, Jürgen: Mehrsprachigkeit in der frühen Kindheit: Zur Rolle des Alters bei Erwerbsbeginn. In: Anstatt, Tanja (Hg.): *Mehrsprachigkeit bei Kindern und Erwachsenen. Erwerb, Formen, Förderung.* Tübingen 2007, S. 110f.

[48] Vgl. Oerter, Rolf; Montada, Leo: *Entwicklungspsychologie.* Weinheim: Psychologie. Darin Kap. 15. 1998.

[49] Young, Irina. 2012

Das Kind ist mit drei Jahren an einem Punkt seiner Aufnahmefähigkeit und seiner imitativen, sowie lautdiskriminativen und expressiven Fähigkeiten, der eine optimale Aufnahme sprachlicher Lerninhalte ermöglicht.[50] Vor allem in einer Lernsituation wie im Kindergarten oder in einer Spielgruppe, in der die Kinder in der Gruppe lernen, bedarf es neben der kognitiven Reife aber auch grundlegender sozialer Fähigkeiten für erfolgreiches Sprachenlernen. Leonora Fröhlich-Ward setzt den frühest möglichen Zeitpunkt für institutionellen Sprachenunterricht bei Kindern daher mit fünf Jahren an. Erst in diesem Alter besitzt die Mehrzahl der Kinder jene sozialen Fähigkeiten, *„die sie zum altersgemäßen Erlernen einer Fremdsprache in stufenbezogenem Unterricht einer Gruppe befähigen,"*[51] obwohl aus phylogenetische Entwicklung ein Alter bis zum Ende des zweiten Lebensjahres sinnvoll wäre. Beim Neugeborenen bilden die Nervenzellen ein dichtes Netz, diese Verbindungen nehmen mit der Zeit enorm zu. Vom zweiten Lebensjahr bis zur Pubertät nimmt das Wachstum der Nervenzellen ab und die Gehirnentwicklung konzentriert sich eher auf deren Bildung und Verstärkung.[52]

Sprache hat nicht nur eine linguistische und eine soziale Seite, sie ist vor allem auch emotional und sensorisch erfahrbar. Dieser Aspekt von Sprache ist für Kinder in früher Kindheit in höchstem Maße faszinierend. Vor allem im Alter zwischen dreieinhalb und viereinhalb Jahren interessiert sich das Kind *„noch keineswegs für Wörter oder Sätze, es wird von der sensorischen Seite der Sprache gefesselt [...] und von der rein sensorischen Tatsache, dass zu jedem Buchstaben ein entsprechender Laut gehört."*[53] Diese sensorische Spracherfahrung kann einen ersten Zugang zu einer weiteren Sprache erleichtern.

Laut Patricia Nauwerck ist gelungene mehrsprachige Kommunikation ein sehr komplexes Lernziel und kann nur auf lange Sicht erreicht werden. Ziel eines Bildungsangebotes im Elementarkontext kann lediglich sein, das Sprachgefühl und das Sprach-

---

[50] Vgl. Nauwerck, Patricia: Fremdsprachenvermittlung im Kindergarten - Was sagt die Sprachwissenschaft dazu? In: Huppertz, Norbert (Hg.): *Fremdsprachen im Kindergarten. Didaktik. Methodik. Praxis.* o. O, 2003, S. 53.

[51] Vgl. Fröhlich-Ward, Leonora: Fremdsprachenunterricht im Vorschul- und Primarbereich. In: Bausch, Karl-Richard; Christ, Herbert; Krumm, Hans-Jürgen (Hg.): *Handbuch Fremdsprachenunterricht.* o. O, 2007, S. 198.

[52] Vgl. LeDoux, Joseph: *Das Netz der Gefühle. Wie Emotionen entstehen.* München 2003, S. 13.

[53] Vgl. Standing, Mortimer E.: *Maria Montessori. Leben und Werk.* Waldschmidt, Ingeborg; Eckert, Ela (Hg.), Berlin 2009, S. 89.

bewusstsein für die eigene und eine andere Sprache bei Kindern zu entdecken. Ferner, mit der Sprachmelodie einer weiteren Sprache vertraut zu werden, neue Wörter bzw. ihre Bedeutungen zu speichern, sie artikulieren zu lernen und die Motivation zu wecken. Sprachenlernen kann durchaus als Metaziel der frühkindlichen Sprachenvermittlung gesehen werden. Durch ganzheitliche Vermittlungskonzepte werden neben den sprachlichen Fertigkeiten auch Motorik, Sinneswahrnehmung, Kreativität sowie ästhetische und musikalische Sensibilisierung gefördert.[54] Ziel eines Sprachenangebotes in den Kindereinrichtungen soll nicht sein, das Kind dazu zu bringen, den Eltern zu Hause die neu gelernte Vokabel brav aufzusagen. Es darf aber darauf vertraut werden, dass die Fähigkeit zur Kommunikation in einer Sprache durch entsprechende Angebote angebahnt und grundgelegt wird.

1.3 Typen und Formen der Mehrsprachigkeit

Laut Claudia Maria Riehl stellt Mehrsprachigkeit eine wichtige natürliche Ressource in der globalisierten Gesellschaft dar, die sowohl für den Einzelnen als auch für die Gesellschaft von Bedeutung ist. Im Weiteren wird noch detaillierter auf den Inhalt des Vortrages und auf ihre persönliche Meinung eingegangen.

„Im Gegensatz zu Mitteleuropa ist in vielen Regionen der Welt Mehrsprachigkeit der Normalfall. Statistisch gesehen gibt es weltweit mehr mehrsprachige als einsprachige Menschen."[55] Viele MehrsprachigkeitsforscherInnen sind daher der Meinung, dass Mehrsprachigkeit die Regel und Einsprachigkeit die Ausnahme sei. Dabei wird zwischen drei Typen von Mehrsprachigkeit unterschieden:
individuelle, territoriale und institutionelle:

Während individuelle Mehrsprachigkeit sich auf den einzelnen Sprecher bezieht, wird unter territorialer Mehrsprachigkeit der Sprachgebrauch in mehrsprachigen Staaten/Regionen und unter institutioneller Mehrsprachigkeit die Verwendung mehrerer Arbeitssprachen in Institutionen verstanden. Dabei muss allerdings davon

---

[54] Vgl. Nauwerck, Patricia: Fremdsprachenvermittlung im Kindergarten - Was sagt die Sprachwissenschaft dazu? In: Huppertz, Norbert (Hg.): *Fremdsprachen im Kindergarten. Didaktik. Methodik. Praxis.* o. O, 2003, S. 52f.

[55] Vgl. Riehl, Claudia Maria: Die Bedeutung von Mehrsprachigkeit. Beitrag. In: *Natürliche Mehrsprachigkeit in Köln Chorweiler. Brachliegende Potenziale ausschöpfen.* Köln 2011, S. 12.

ausgegangen werden, dass diese verschiedenen Mehrsprachigkeitstypen gekoppelt sind und die territoriale Mehrsprachigkeit zumeist mit individueller Mehrsprachigkeit einher geht. Allerdings treten auch verschiedene Formen von individueller Mehrsprachigkeit auf, die je nach Sozialisation und Situation unterschiedlich sein können und neben dem Zeitpunkt zugleich von der Art des Erwerbs abhängen.[56]

Generell wird deutlich, dass der frühe Erwerb mehrerer Sprachen über psychologische Aspekte hinaus zugleich kognitive Vorteile mit sich bringt. *„Diese Vorteile können aber nur weiter genutzt werden, wenn die beiden Sprachen gezielt gefördert werden, das gilt vor allem für den Ausbau der Schriftlichkeit in den Sprachen. Aufgrund der zahlreichen individuellen und gesellschaftlichen Vorteile sollte die Förderung von Mehrsprachigkeit bei Kindern mit und ohne Migrationshintergrund eine wichtige bildungspolitische Aufgabe sein.“*[57]

Bei der Bestimmung von individueller Mehrsprachigkeit neigen die Linguisten heute nicht mehr zu solchen normativen Definitionen wie noch vor 40 Jahren, als davon ausgegangen wurde, dass als zweisprachig nur eine Person bezeichnet werden dürfte, die die gleiche Kompetenz in beiden Sprachen besitzt und sie auch gleichzeitig von Kind auf erlernt hat.[58] Diese Annahme ist deswegen unrealistisch, da eine mehrsprachige Person selten alle Situationen des Lebens in beiden/mehreren Sprachen meistern soll, außerdem wird nach dem Kindesalter noch eine höhere Kompetenz in einer Sprache erworben. Grundsätzlich ist davon auszugehen, dass der Fall einer "perfekten" Mehrsprachigkeit, eine quasi muttersprachliche Kompetenz in zwei oder mehr Sprachen, die Ausnahme bildet. Voraussetzung für Mehrsprachigkeit ist damit, die Fähigkeit eines Mehrsprachigen, in den meisten Situationen ohne Weiteres von der einen Sprache zur anderen umschalten zu können.[59] Außerdem ist meist eine Sprache

---

[56] Vgl. Riehl, Claudia Maria: Mehrsprachigkeit: Grundlagen, Vorteile und didaktische Konsequenzen. Universität zu Köln, o. J

[57] Riehl, Claudia Maria: Mehrsprachigkeit: Grundlagen, Vorteile und didaktische Konsequenzen. Universität zu Köln, o. J.

[58] Vgl. Oksaar, Els: Zweitspracherwerb. Wege zur Mehrsprachigkeit und zur interkulturellen Verständigung. Stuttgart 2003, S. 27ff.; zitiert nach: Riehl, Claudia Maria: *Mehrsprachigkeit: Grundlagen, Vorteile und didaktische Konsequenzen.* Universität zu Köln, o. J.

[59] Vgl. Oksaar, Els: Mehrsprachigkeit, Sprachkontakt, Sprachkonflikt 1980, S. 43 In: Nelde, Peter Hans. (Hg.), Sprachkontakt und Sprachkonflikt. Wiesbaden, S. 43-52.; zitiert nach: Riehl, Claudia Maria: *Mehrsprachigkeit: Grundlagen, Vorteile und didaktische Konsequenzen.* Universität zu Köln, o. J.

dominanter als die andere, was sich aber im Laufe des Lebens immer verschieben kann.

Die Gebrauchssituationen für die jeweiligen Sprachen können ebenfalls ganz unterschiedlich sein: So kann ein mehrsprachiger Sprecher beispielsweise mehrere Gebrauchssprachen haben, die täglich in einer Vielfalt von Situationen gesprochen werden, oder eine Gebrauchssprache in der Jugend, eine andere im Erwachsenenalter. Manche Sprecher haben auch eine „Wochenendsprache", die bei der wöchentlichen Heimkehr in die Familie gesprochen wird, und eine 'Wochentagssprache', die alle täglichen Bedürfnisse erfüllt. Außerdem kann es sein, dass ein Sprecher eine Sprache nur in ihrer gesprochenen Form und die andere überwiegend als geschriebene Form verwendet.[60] Damit ist ein weiterer wichtiger Aspekt angesprochen, nämlich die Unterscheidung von mündlicher und schriftlicher Mehrsprachigkeit.

Meist ist bei mehrsprachigen Personen eine der Sprachen dominant. Das gilt besonders für die Schriftsprache. Denn im Gegensatz zur mündlichen Mehrsprachigkeit ist Mehrsprachigkeit im Bereich der Schriftlichkeit eher das Privileg einer Elite. Dies hängt mit der schriftsprachlichen Sozialisation zusammen, die in der Regel nur in einer Sprache erfolgt. In vielen mehrsprachigen Gesellschaften ist die Sprache, die im Elementarbereich und in der Schule unterrichtet wird, nicht die Muttersprache der Sprecher. Ganz im Besonderen gilt dies für Migrantengruppen: Die Kinder wachsen in einem Land mit einer anderen Sprache auf, werden in dieser Sprache alphabetisiert und in dieser Sprache unterrichtet. Viele Sprecher, die auf der Ebene des mündlichen Austausches mehrsprachig sind, tendieren daher auf der Ebene der schriftsprachlichen Kommunikation eher zur Einsprachigkeit. Dies rührt vor allem daher, dass der Erwerb einer Sprache als Schriftsprache sich nicht nur auf den Erwerb des Alphabets und der Orthografie bezieht, sondern es sich dabei um den Erwerb von ganz speziellen schriftsprachlich geprägten grammatischen Strukturen oder Formulierungsmustern handelt, die man im mündlichen Diskurs nicht verwendet, z.B. sog. „erweiterte Attribute" wie *Aufgrund der vom Kompetenzzentrum beschlossenen Maßnahmen* kommen in der gesprochenen Sprache nicht vor. Dies ist etwa bei der Gegenüberstellung von mündlichem und schriftlichem Erzählen zu beobachten: Während beim

---

[60] Vgl. Lüdi, Georges; Py, Bernard: Zweisprachig durch Migration. Einführung in die Erforschung der Mehrsprachigkeit am Beispiel zweier Zuwanderergruppen in Neuenburg. Tübingen 1984, S. 8.; zitiert nach: Riehl, Claudia Maria: *Aspekte der Mehrsprachigkeit: Formen, Vorteile, Bedeutung* Universität zu Köln, o. J, S. 1.

mündlichen Erzählen ein einfacher, alltäglicher Wortschatz verwendet wird, wie z. B. „gut; sagen", verlangt die geschriebene Erzählung einen teilweise literarischen Wortschatz wie etwa „exzellent; sich äußern." In der Syntax gibt es ebenfalls Unterschiede. So stellt man in der gesprochenen Sprache Sachverhalte in Hauptsätzen nebeneinander, z. B. *Luise ging im Park spazieren. Sie fand eine Tasche.*[61]

Im Geschriebenen dagegen werden häufig mehrere Sachverhalte in einen einzigen Satz integriert, z. B. *Bei einem Spaziergang im Park fand Luise eine Tasche.*[62]

Im Bereich der Satzverknüpfung verhalten sich gesprochene und geschriebene Sprache auch anders: In der gesprochenen Erzählung werden die Texte durch einfache Gliederungssignale wie „mal; und dann", verknüpft, im Geschriebenen gibt es dagegen besondere narrative Gliederungssignale wie „eines schönen Tages; urplötzlich" häufig bleiben jedoch die Sätze ohne explizites Einleitewort.[63]

„Wenn Sprachen im Laufe ihrer Geschichte eigene geschriebene Sprachformen ausgebildet haben, spricht man vom sog. „Sprachausbau" (Kloss), den Dialekte etwa gar nicht mitgemacht haben. Außerdem spielen beim Schreiben von Texten auch bestimmte pragmatische Konventionen eine Rolle, die kulturspezifisch sind."[64] Wenn diese nicht erworben werden, bleibt der Bereich des schriftlichen Ausdrucks einsprachig. Da der Erwerb von schriftsprachlichen Ausdrucksformen auch mit dem Erwerb einer komplexeren Ausdrucksfähigkeit einhergeht, wird in diesem Zusammenhang auch ein Extremfall diskutiert, nämlich die Problematik der sog. „Doppelten Halbsprachigkeit".

Dieses Phänomen wird als ein sprachliches Handicap definiert, das einen Sprecher daran hindert, die linguistischen Fertigkeiten zu erlangen, die er eigentlich aufgrund seines Potentials erreichen könnte. Das bedeutet, dass Migrantenkinder im Ausland einen Teil ihrer muttersprachlichen Kompetenz verlieren, weil sie nicht lernen, sich darin komplex auszudrücken, und auf der anderen Seite auch nur mangelnde Kenntnisse in der Sprache des Migrationslandes erwerben. Sie haben dann in beiden Spra-

---

[61] Young, Irina. 2012

[62] Young, Irina. 2012

[63] Riehl, Claudia Maria: Aspekte der Mehrsprachigkeit: Formen, Vorteile, Bedeutung. Universität zu Köln, o. J, S. 4.

[64] Riehl, Claudia Maria: *Schreiben, Text und Mehrsprachigkeit. Zur Textproduktion in mehrsprachigen Gesellschaften am Beispiel der deutschsprachigen Minderheiten in Südtirol und Ostbelgien.* Tübingen 2001

chen nur eine Teilkompetenz. Allerdings spielen hier vor allem soziokulturelle Faktoren wie das Prestige der beteiligten Sprachen, die Bereitschaft zur Identifikation und affektive Faktoren eine Rolle. Daher ist diese Hypothese in der Mehrsprachigkeitsforschung nicht unumstritten. Die Forscher sind sich allerdings darin einig, dass zuerst die Muttersprache so gefördert werden sollte, dass sie als Verstehens- und Denkgrundlage fungieren kann.[65] Nach einer viel zitierten Annahme von Jim Cummins müssen Muttersprache und intellektuelle Entwicklung einen bestimmten Schwellenwert erreicht haben, damit man erfolgreich mehrsprachig werden kann.[66]

1.4 Der Erwerb der Mehrsprachigkeit

Die Sprachfähigkeit gehört zu den grundlegenden Merkmalen des Menschseins. Sie schließt Mehrsprachigkeit, d. h. die Fähigkeit mehrere verschiedene Sprachen nebeneinander und nacheinander zu verwenden, ein [...]. Diese Fähigkeit ist kein Zeichen besonderer Intelligenz, wie z. B. Untersuchungen mit Menschen mit geistiger Behinderung zeigen, die problemlos zwei Sprachen erwerben können, wenn die Lebensumstände dies nahe legen.[67]

Nach Natascha Müller wird der Erwerb der Mehrsprachigkeit wie folgt unterschieden:

- Einerseits kann ein Individuum <u>simultan</u> mehrere Sprachen erlernen. Dies ist der Fall, wenn z. B. beide Elternteile unterschiedliche Sprachen sprechen und ihr Kind auf natürliche Art und Weise gleichzeitig diese Sprachen lernt, sog. bilingualen Erstspracherwerb (etwa bis zum Alter von drei Jahren).
- Er kann allerdings auch <u>sukzessiv</u> erfolgen. Dies bedeutet, dass verschiedene Sprachen zu unterschiedlichen Zeiten erlernt werden. Beispielsweise, wenn ein Kind nach seiner Muttersprache eine andere Sprache in der Schule dazulernt.

---

[65] Vgl. Butzkamm, Wolfgang: Psycholinguistik des Fremdsprachenunterrichts. Von der Muttersprache zur Fremdsprache. 3. Aufl., Tübingen 2002, S. 51f.; zitiert nach: Riehl, Claudia Maria: *Mehrsprachigkeit: Grundlagen, Vorteile und didaktische Konsequenzen.* Universität zu Köln, o. J.

[66] Vgl. Cummins, Jim: Language, Power and Pedagogy. Clevedon: Multilingual Matters, 2000; zitiert nach: Riehl, Claudia Maria: *Mehrsprachigkeit: Grundlagen, Vorteile und didaktische Konsequenzen.* Universität zu Köln, o. J.

[67] zitiert nach: *Diagnosegestützte durchgängige Sprachbildung an der Schnittstelle zwischen Elementar- und Primarbereich. Expertise zum FörMig-Transfer Projekt.* Hamburg 2010, S. 15.

- Der Erwerb kann <u>ungesteuert,</u> also <u>natürlich</u> sein, beispielsweise im Rahmen der Alltagskommunikation erfolgen oder *gesteuert*, z. B. mittels Unterricht. In vielen Fällen sind beide Möglichkeiten gekoppelt, z. B. bei Migrantenkindern. Diese lernen die Sprache des Gastlandes im Umgang mit Gleichaltrigen und in ihrer Umwelt ungesteuert und gleichzeitig in der Vor- oder Schule (gesteuert). Beim ungesteuerten (natürlichen) Zweitspracherwerb gibt es zwei Möglichkeiten:

- Es wird ebenfalls zwischen <u>symmetrischer</u> und <u>asymmetrischer</u> Mehrsprachigkeit unterscheiden. Bei ersterer werden die Sprachen auf gleiche Weise beherrscht ohne dass, wie bei der asymmetrischen, eine Sprache weniger gut beherrscht wird und dem entsprechend eine Sprache die andere dominiert.[68]

Hierbei ist entscheidend, ob die Sprachen in gemischtsprachigen Familien gemischt verwendet werden oder ob nach dem „une personne – une langue"- Prinzip vorgegangen wird. Dieses Prinzip besagt, das jeder Elternteil mit den Kindern seine Muttersprache (Primärsprache) sprechen soll. Dies ist wichtig für den Spracherwerb der Kinder, weil der Sprachgebrauch an bestimmte Personen gebunden ist, unterscheiden etwa die Kinder selbst zwischen "Kindergartensprache" und "Mamasprache", wenn sie ihr zweisprachiges Lexikon aufbauen. Außerdem drücken die Eltern durch die konsequente Verwendung ihrer jeweils eigenen Muttersprache auch eine gewisse Solidarität mit dieser Sprache aus, was deren Prestige stärkt. Allerdings birgt das Prinzip zugleich Nachteile, etwa, wenn einer der Partner einsprachig ist und damit von einem Teil des Familiengesprächs ausgeschlossen bleibt.

Das „Eine Person – eine Sprache"- Prinzip wird zwar in der Bilinguismus-Forschung immer wieder als das einzig Sinnvolle hervorgehoben, aber es gibt ebenso Studien, die feststellen, dass auch Kinder, die einem gemischten Input ausgesetzt sind, keine unnormale Sprachentwicklung aufweisen.[69] Der Hauptunterschied liegt wohl vor allem im „Bewusstsein" des Kindes darüber, dass es zwei Sprachen spricht (eine „Muttersprache" und eine „Kindergartensprache"). Dieses ist bei den nach dem

---

[68] Vgl. Müller, Natascha; Kupisch, Tanja u. a: *Einführung in die Mehrsprachigkeit*. o. O, 2006, S. 13.

[69] Romaine, Suzanne: Bilingualism. 2nd edition. Blackwell, Oxford u. a. 1995; zitiert nach: Riehl, Claudia Maria: Mehrsprachigkeit: *Grundlagen, Vorteile und didaktische Konsequenzen*. Universität zu Köln. o. J.

„Eine Person – eine Sprache"- Prinzip erzogenen Kindern schon sehr früh ausgeprägt. Ähnliches lässt sich auch für Kinder konstatieren, die mit einheitlicher Familiensprache und einer davon unterschiedenen Umweltsprache aufwachsen, wie dies bei
den meisten Migrantenkindern der Fall ist. Infolgedessen ist es für den Spracherwerb
der Kinder wichtig, dass die Eltern konsequent bei ihrer Herkunftssprache bleiben
und die Sprachen nicht mischen.[70]

*„Auch wenn das Gehirn grundsätzlich „Platz für viele Sprachen" [...] hat, spielt das
Alter beim Zweitspracherwerb für Spracherwerbsverläufe eine Rolle, denn es kommen im Laufe der menschlichen Entwicklung unterschiedliche alters- bzw. ent-
wicklungs- und situationsgerechte Sprachlernfähigkeiten zur Geltung."*[71] Die detaillierte sprachliche Entwicklung der Kinder wird im nächsten Kapitel dargestellt.

Zusammenfassung

Das erste Kapitel diente dazu, die in dieser Arbeit bedeutsamen Begriffe zu berücksichtigen und zu beachten. Kindliche Mehrsprachigkeit ist in den letzten Jahren im
politischen, neurologischen und pädagogischen Bereich zum Diskussionspunkt
geworden. Während sich immer mehr linguistische Forschung auf den Spracherwerb
konzentriert, ändert sich zugleich die pädagogische Haltung, die Überlegungen über
Lernziele und Unterrichtsmethoden, zudem aktualisiert sich das Sprachenangebot
ständig. Bei der Vermittlung sprachlicher Kompetenzen in früher Kindheit steht nicht
der rein sprachliche Aspekt im Vordergrund, es geht um die Entwicklung der Ge-
samtpersönlichkeit der Kinder sowie um die Vorbereitung der Kinder auf eine zukünftige sprachlich und kulturell kommunikative Begegnung. Das Kind soll lediglich
mit dem Klang der Sprache vertraut gemacht werden, soll lustbetont und spielerisch
Wörter in seinen rezeptiven Wortschatz aufnehmen.

Nach einem Blick in die wissenschaftliche Literatur zur frühkindlichen Mehrsprachigkeit wurde das ideale Alter für den Kontakt parallel mit einer weiteren Sprache
diskutiert. In den frühen Jahren lernen Kinder so viel und so schnell wie in keiner

---

[70] Riehl, Claudia Maria: *Mehrsprachigkeit: Grundlagen, Vorteile und didaktische Konsequenzen.*
Universität zu Köln. o. J.

[71] zitiert nach: *Diagnosegestützte durchgängige Sprachbildung an der Schnittstelle zwischen Elemen-
tar- und Primarbereich. Expertise zum FörMig-Transfer Projek*t. Hamburg 2010, S. 15.

anderen Phase ihres Lebens. Sie lernen eine völlig neue Welt wahrzunehmen, mit anderen Menschen zu kommunizieren, gemeinsam und alleine Entscheidungen zu treffen.

Ferner erfolgte eine intensive Auseinandersetzung mit dem „Für und Wider" der frühen Mehrsprachigkeit und es wurde aufgezeigt, dass die Vorteile überwiegen. Zahlreiche Studien belegen eine positive Auswirkung auf Kinder, die positive Einstellungen gegenüber Sprachen, Kultur, Sprechern der betroffenen Sprachen, dem Sprachenerlernen und der Entwicklung von Selbstvertrauen meistern. Neurologischen Erkenntnissen zur Folge, ist mehrere Sprachen parallel zu lernen, ebenfalls in jedem Alter möglich. Je früher der Mensch jedoch beginnt, eine weitere Sprache zu lernen, desto länger hat er dafür Zeit und desto nachhaltiger werden sich die Lerninhalte im Gehirn verankern. Es ist also auf die Lebenszeit hin gesehen ökonomischer, schon in früher Kindheit mit einer weiteren Sprache in Kontakt zu kommen.

2 Besonderheiten des Sprachenlernens in der frühen Kindheit - Kindliche Sprachenentwicklung.

„Jeder Mensch kann jede Sprache erlernen. Denn die Menschen haben im Gegensatz zu anderen Lebewesen die Fähigkeit, Sprachen zu erlernen"[72]. Wie diese Fähigkeit zustande gekommen ist und wie sie sich entwickelt hat, darüber gibt es noch keine genauen Erkenntnisse. Jedoch haben sich im Laufe der Zeit unterschiedliche theoretische Sichtweisen herausgebildet, die im Folgenden knapp skizziert werden.

Nach Philipp Kühn werden die Sprachentwicklungstheorien wie folgt skizziert:

- Die „inside-out" Theorien (nativistische Ansätze, z. B. Chomsky) gehen davon aus, dass bestimmte Grundstrukturen und Repräsentationen der Sprache von Geburt an im Säugling angelegt sind. So verfügt das Kind von Beginn an über abstraktes grammatisches Wissen („Universalgrammatik") und/oder ist mit einem hochgradig spezialisierten sprachlichen Verarbeitungssystem ausgestattet. So ist die sprachliche Stimulation durch die Umwelt nicht Ursache, sondern dient lediglich der Auslösung des Spracherwerbsprozesses.

- Demgegenüber stehen die „outside - in" Theorien (empiristische Ansatz), welche davon ausgehen, dass die entscheidenden Faktoren zum Erlernen der Sprache nicht im Säugling angelegt sind, sondern außerhalb liegen. Sprachfähigkeiten sind also nicht angeboren. Die Erfahrung des Kindes mit der Sprache und mit der sozialen Umwelt dient als Basis für die Konstruktion eines Sprachsystems.

Innerhalb der „outside-in Theorien" lassen sich zwei Varianten unterscheiden:

- Die kognitiven Theorien sehen den Spracherwerb als das Ergebnis der kognitiven Entwicklung des Kindes. Sprachentwicklung erfolgt nicht getrennt, sondern wird als Teil des allgemeinen Entwicklungsprozesses angesehen. Wörter können erst dann gelernt werden, wenn zugrunde liegende kognitive Konzepte erworben wurden (z. B. Jean Piaget).

- Die sozial-interaktiven Theorien hingegen nehmen an, dass Sprache unmittelbar aus erworbenen sozial-kommunikativen Mustern entsteht und so

---

[72] Apeltauer, Ernst: *Grundlagen des Erst- und Fremdsprachenerwerbs.* Berlin 1997, S. 63.

wird davon ausgegangen, dass beispielsweise den im Dialog ausgebildeten Sprach- und Kommunikationsmustern primäre Bedeutsamkeit für einen gelungenen Spracherwerb zukommt (z. B. Jérôme Seymour Bruner).[73]

Der Fokus der beiden oben beschriebenen Theorien liegt auf dem Zusammenspiel von genetischen und Umweltfaktoren, wobei davon ausgegangen wird, dass Neugeborene gewisse Veranlagungen haben, auf manche Inputreize aus der Umwelt stärker zu reagieren als auf andere. Sprache gilt als ein System, das sich aus dem Zusammenspiel biologisch bedingter Veranlagungen und der sozialen Interaktion mit der Umwelt entwickelt.[74] Diese Theorien stimmen darin überein, dass die Sprachentwicklung individuell ist und eine biologische Grundlage hat, Kinder sehr früh wichtige Voraussetzungen für den Prozess des Spracherwerbs erlernen, der Spracherwerb eine sprachliche Umwelt voraussetzt und dass innere Voraussetzungen des Kindes und externe Umweltfaktoren optimal zusammenwirken müssen.

Die Sprachentwicklung eines Kindes ist eng verbunden mit der Entfaltung seines Intellekts und seiner Empfindungen. Sie verläuft keineswegs automatisch und ist kein bloßes Produkt zerebraler Reifungsprozesse. Wie alle menschlichen Verhaltensschemata, scheint sich auch das Sprachvermögen in der Wechselwirkung von Anlage-, Reifungs- und Umweltfaktoren zu entwickeln. Sprache ist demnach im Normalfall in ein multifunktionales Beziehungsgeflecht eingebettet.[75]

Sobald Kinder geboren werden, beginnen sie zu lernen und ihre Sinne zu nutzen, um die Welt um sie herum zu erforschen. Lotte Schenk-Danzinger vertritt die These, dass sich die erstsprachliche Entwicklung des Kindes auf zwei Ebenen vollzieht, die vorerst mehr oder weniger parallel verlaufen:

---

[73] Vgl. Kühn, Philipp: *Wie entwickeln sich Late Talkers? Eine Längsschnittstudie zur Prognose der sprachlichen, kognitiven und emotionalen Entwicklung von Late Talkers bis zum Einschulungsalter.* Dissertation zum Erwerb des Doktorgrades der Humanbiologie an der medizinischen Fakultät der Ludwig-Maximilians-Universität zu München 2010, S. 5.

[74] Hennon, E., Hirsh-Pasek, K.; Golinkoff, R. M., Die besondere Reise vom Fötus zum spracherwerbenden Kind. In: Grimm, Hannelore (Hg.) *Sprachentwicklung.* Göttingen 2000, S. 41–103.; zitiert nach: Kühn, Philipp: *Wie entwickeln sich Late Talkers? Eine Längsschnittstudie zur Prognose der sprachlichen, kognitiven und emotionalen Entwicklung von Late Talkers bis zum Einschulungsalter.* Dissertation zum Erwerb des Doktorgrades der Humanbiologie an der medizinischen Fakultät der Ludwig-Maximilians-Universität zu München 2010, S. 6.

[75] Vgl. Apeltauer, Ernst: *Grundlagen des Erst- und Fremdsprachenerwerbs. Eine Einführung.* Berlin 2006, S. 67.

1. Auf der vorsprachlichen Ebene der Kommunikation benutzt das Kind Schrei, Ruf und Gebärde, um ein Bedürfnis oder einen Zustand oder auch eine entsprechende Reaktion beim Sozialpartner auszudrücken. Etwa ab dem sechsten Lebensmonat setzt es auch die Mimik bewusst ein.

2. Diese Ebene in der sprachlichen Entwicklung des Kindes ist demnach die Ebene der Wortsprache. Durch „*zirkuläre Selbstnachahmung*" hört das Kind seine Laute, wiederholt und variiert sie. So kommt bis zum Ende des ersten Lebensjahres ein Bestand an Lauten zustande, der eine ausreichende Basis für die Anfänge der Wortsprache darstellt. Zwischen dem 5. und 11. Lebensmonat bildet das Kind die ersten Silben. Es beginnt zu lallen, zu quietschen, zu brummen, zu gurgeln, zu schmatzen, zu krähen und Spuckbläschen zu bilden. Die Stimme des Kindes wird zum Spielzeug. Anfangs sendet das Kind Einzellaute „aaaa", später Lautkombinationen „bababa" und dann Silbenkombinationen „mamumume". Das alles bindet das Kind Schritt für Schritt an seine Muttersprache. Ungefähr ab dem 8. Monat bildet es wortähnliche Konstruktionen, „*die Vorstufen der genannten Worterfassung*" sind. Wann sie auftreten, hängt von der Hirnreifung des Kindes ab.[76]

Elke Schlösser beschreibt die These, die Schenk-Denzinger vertritt, noch deutlicher. Sie nimmt an: „*Kinder seien geborene Sprachlerner und Eltern geborene Sprachlehrende. [...] Kinder besitzen die Fähigkeit, eine Sprache instinktiv zu lernen. Sie verstehen sie, bevor sie etwas ausdrücken können.*"[77] In der Forschung ist Konsens, dass schon ungeborene Kinder die Fähigkeit besitzen, Geräusche aus der Umgebung wahrzunehmen. Vor allem erkennt ein Kind die Stimme der Mutter.

Auf der zweiten Ebene der Sprachentwicklung, folgend Schlösser, treten „Einwortsätze" auf, d. h. statt einem Satz sagt das Kind ein Wort, mit dem es den ganzen Satz meint. Beispielsweise „Mama?" bedeutet „wo ist Mama", „wow-wow", dass dort ein Hund ist. In dieser Phase fangen Kinder an, Fragen zu stellen. Um ein Wort zu verstehen, braucht das Kind Unterstützung in Form einer Visualisierung. Es braucht ein Bild oder einen greifbaren, konkreten Gegenstand. Laute werden symbolträchtig: die Lautfolge S-t-u-h-l wird als Symbol erfasst und verkoppelt mit dem

---

[76] Vgl. Schenk- Danzinger, Lotte: *Entwicklungspsychologie*. Wien 1988, S. 213.

[77] Schenk- Danzinger, Lotte: *Entwicklungspsychologie*. Wien 1988, S. 213.

Gegenstand „Stuhl" und allen seinen Merkmalen. Wenn diese Verkopplung erfolgreich verläuft, weiß das Kind den Namen des Gegenstandes, ohne ihn zu sehen:

Kinder im Alter von 1,5 Jahren kennen etwa 50 Hauptwörter, einfache Verben und Adjektive. Sie sind schon in der Lage, Verbindungen zwischen Gegenständen und Vorgängen herzustellen. Wörter werden in verschiedenen Kombinationen zusammengesetzt: „Apfel essen. Wow-wow gut. Groß mjau-maju."

Zwischen dem 2. und 3. Lebensjahr erweitern Kinder in großem Tempo nicht nur ihren Wortschatz, sondern auch ihre Wortkombinationen. Das Kind hat bisher von sich in der dritten Person gesprochen, z. B. „Sara spielt". Das Kind kann zwischen Ich und Umwelt unterscheiden. Es versucht, schwierigere Lautverbindungen zu sprechen. Demzufolge erscheinen verschiedene Arten der Spiele, sowie der Gebrauch von Mimik und Gestik in dieser Phase als enorm hilfreich.

Zwischen dem 3. und 4. Lebensjahr lernen Kinder Farben kennen und sind fähig, Sätze mit Nebensätzen zu bilden. Sie kennen schon alle Laute ihrer Muttersprache. Nur noch schwierige Konsonanten und Zischlaute können den Kindern Probleme bereiten.

Zwischen dem 4. und 6. Lebensjahr sind Kinder in der Lage, alle Laute korrekt zu bilden. Ihr Wortschatz reicht aus, um sich auszudrücken. Grammatische Formen sind ebenfalls unbewusst so gut angeeignet, dass das Kind seine Gedanken in verschiedenen Tempusformen ausdrücken kann.[78] Lediglich verfügen die Kinder über ein Anspruchsniveau, welches in engem Zusammenhang mit der Leistungsmotivation zu sehen ist und ihnen ermöglicht, aus Erfolg und Misserfolg bestimmte Konsequenzen zu ziehen. Die spontane Leistungsbereitschaft resultiert aus der realistischen Selbsteinschätzung der Leistungsfähigkeit, Kinder wählen nun eher Aufgaben, die ihren Fähigkeiten entsprechen und dadurch Erfolg erwarten lassen.[79] Manche Kinder bemühen sich mit großer Ausdauer, Aufgaben zu bewältigen; andere wiederum sichern sich vor Misserfolgen ab, indem sie auf einem leicht erreichbaren Anspruchsniveau verharren. Die Frustrationstoleranz gegenüber Misserfolgen nimmt langsam zu.

---

[78] Vgl. Schlösser, Elke: *Wir verstehen uns gut, spielerisch Deutsch lernen*. Münster 2001, S. 63ff.

[79] Vgl. Schenk- Danzinger, Lotte: *Entwicklungspsychologie*. Wien 1988, S. 214f.

In gleicher Weise beruht die Entwicklungsthese von Rosemarie Tracy auf dem unauffälligen Verlauf des Sprachenerwerbs, den sie in "vier Meilensteine" gliedert. Jede dieser Stufen stellt eine Beschreibung markanter Entwicklungsschritte dar: von Einwort-Äußerungen über erste Wortkombinationen und einfachen Sätzen mit finiten Verben bis hin zu komplexen Satzstrukturen.

Meilenstein I mit etwa 1-1,5 Jahren	Einwortäußerungen (vor allem Nomen, Partikeln) *da, nein, weg, ab*
Meilenstein II mit etwa 1,5 - 2 Jahren	Elementare Wortkombinationen (zunächst zwei, dann mehr Wörter mit Verben (Infinitive) und Verbpartikeln; viele Wortklassen fehlen (Artikel, Präpositionen, Fragepronomen etc.). *Tür auf. Mama Bus fahren. Mama auch Bus.*
Meilenstein III mit etwa 2 - 3 Jahren	Einfache, vollständige Sätze; zielsprachliche Wortstellung, aber auch noch die älteren Strukturformate von Meilenstein II. *Jetzt geh ich hoch. Da kommt Ball rein. Wo kann ich hingehen?*
Meilenstein IV mit etwa 3 - 4 Jahren	Komplexe Sätze (d. h. Satzreihen), Nebensätze mit dem flektierten Verb am Ende. Die meisten Wortklassen sind verfügbar. *Ich warte, bis der Hund weggegangen ist.*

[80]

Weiterhin gehört, laut Tracy, das Sprachenlernen bei Kleinkindern noch zum "biologischen Programm", wonach Kinder intuitiv auf bestimmte Eigenschaften des sprachlichen Inputs achten, daraus eigenständig Wissen über Sprache ableiten und in Folge dessen automatisch deren wichtigste Strukturen erkennen. Bereits im ersten Lebensjahr beginnen die Kinder, die Unterschiede zwischen verschiedenen Sprachen zu erkennen. Selbst wenn sie selbst noch lallen, nehmen Kinder schon die verschiedenen Rhythmen ihrer Umgebungssprachen auf und können sie auseinander halten.

---

[80] Vgl. Tracy, Rosemarie. 2002, S. 5.; zitiert nach: *Diagnosegestützte durchgängige Sprachbildung an der Schnittstelle zwischen Elementar- und Primarbereich. Expertise zum FörMig-Transfer Projekt.* Hamburg 2010, S. 16.

Ein eineinhalbjähriges Kind, das mit Deutsch und Englisch aufwächst, sagt beispielsweise auf Deutsch "Tür aufmachen", auf Englisch dagegen "open door". An diesen Zweiwortsätzen ist zu erkennen, dass die Verben im Deutschen und im Englischen an unterschiedlichen Stellen stehen. Wenn die Sprachen reichlich ähnliche Satzstrukturen haben, verlangen sie dem Kind mehr "Sortierarbeit" ab. Je mehr Kontraste es zwischen den Sprachen gibt, desto leichter kann ein Kind auch erkennen, dass es sich um ganz unterschiedliche Dinge handelt. Soweit Kinder allerdings von Geburt an mit mehreren Sprachen konfrontiert werden, mischen sie die Sprachen teilweise sogar intensiv bis zum Alter von drei Jahren. Diese Mischphasen sind ganz normal und aus der Forschung bekannt.[81]

Das problematisierte Phänomen bei mehrsprachigen Kindern wird Codemixing oder Codeswitching genannt. Dies bedeutet der Wechsel von einer Sprache in die andere innerhalb eines Satzes oder nach einem Satz. Dabei kann Sprachwechsel sowohl auf lexikalischer als auch auf struktureller Ebene stattfinden. Insgesamt ist Sprachwechsel als eine Fähigkeit zu betrachten, die einsprachige Menschen nicht besitzen bzw. ist es ihnen nicht bewusst, dass auch sie zwischen verschiedenen Registern wechseln, und die sie deshalb häufig irritiert – vor allem weil sie dem gesellschaftlichen einsprachigen Selbstverständnis, dem „monolingualen Habitus" widerspricht. Aus spracherwerbs-theoretischer Perspektive ist Sprachwechsel aber ein Zeichen dafür, dass Kinder die sprachlichen Mittel produktiv nutzen, die ihnen zur Verfügung stehen. Dabei können sie früh zwischen ihren Sprachen differenzieren, also ihre Fähigkeiten den Anforderungen ihrer Umwelt entsprechend einsetzen. Das bedeutet z. B. auch, die Sprachen zu mischen, wenn mehrsprachige Menschen anwesend sind, und ebendies nicht zu tun, wenn nur einsprachige Gesprächspartner zur Verfügung stehen. Diese Unterscheidung vorzunehmen bedeutet, dass Kinder sich auf ihre Redepartner einstellen können, was als kognitive Fähigkeit zu betrachten ist, die für die gesamte kognitive Entwicklung genutzt werden kann – und damit auch dem Erwerb sozialer, personaler und lernmethodischer Kompetenzen dienlich sind. Der Spracherwerb bzw. die Sprachaneignung benötigt Zeit. Bei mehrsprachigen Kindern ist Zeit ein nicht zu unterschätzender Faktor für die sprachliche Bildung in Institutionen. Mehrsprachige Kinder treten mit sehr heterogenen Fähigkeiten im Deutschen in

---

[81] Vgl. http://www.bibernetz.de/wws/interview-rosemarie-tracy.php; Stand 2.10.2012.

die Kindertagesstätte ein und die Sprachen entwickeln sich sehr unterschiedlich. Dies ist bei der Förderung von Kindern zu berücksichtigen.[82]

Die Voraussetzung für die Überwindung der Mischphasen ist, laut Tracy, eine Optimierung des sprachlichen Angebots, welches unter anderem durch regelmäßige und verlässlich kommunikative Situationen und mit der Unterstützung von Gestik und Mimik gewährleistet wird, in denen sich die Kinder ungestört auf das Sprachangebot konzentrieren können. Tracy ist der Meinung, dass Kinder Sprachen ebenfalls rasant verlernen können, wenn sie zwei oder drei Jahre lang keine in der Kita erlebte Sprache mehr hören.[83]

Das Wissen um die Sprachentwicklung des Kindes ist notwendig und hilfreich für das sinnvolle Verständnis des Sprachenlernens in früher Kindheit. Der Grundgedanke des Wissens liegt darin, ErzieherInnen durch entsprechende Fort- und Weiterbildungen dazu zu befähigen, das Sprachangebot, beispielsweise anhand eigener Materialien zu entwickeln und dem jeweiligen Sprachstand der Kinder anzupassen. Durch das lustbetonte Spiel mit dem Säugling, das Anbieten kognitiver Reize und Anregungen des Umfeldes können sie gezielt gefördert werden. *„Jüngere Kinder lernen Sprachen nicht schneller oder besser, sondern ganz anders als ältere Kinder und Erwachsene."*[84] Sprachenvermittlung im Kindergarten darf deshalb nicht als vorverlegter Fremdsprachenunterricht (miss-)verstanden werden, sondern braucht eigene Ziele, Inhalte und Methoden. Deswegen muss letztlich jedes Kind individuell gefördert und gefordert werden.

2.1 Kognitive Faktoren

Generell wird die neuropsychologische Spracherwerbsforschung als Schlüssel zum Verständnis der Sprachentwicklung angesehen. Psycholinguistische Forschung, die sich eher auf psychologische und deswegen auch soziale Prozesse bezieht, ist ledig-

---

[82] Vgl. *Diagnosegestützte durchgängige Sprachbildung an der Schnittstelle zwischen Elementar- und Primarbereich. Expertise zum FörMig-Transfer Projekt.* Hamburg 2010, S. 18.

[83] Vgl. Tracy, Rosemarie: *Wie Kinder Sprachen lernen und wie wir sie dabei unterstützen können.* Tübingen 2008, S. 150f.

[84] Fröhlich-Ward, Leonora: Fremdsprachenunterricht im Vorschul- und Primarbereich. In: Bausch, Karl-Richard; Christ, Herbert; Krumm, Hans-Jürgen (Hg.): *Handbuch Fremdsprachenunterricht.* o.O, 2007, S. 201.

lich für das Sprachenlernen anerkannt. Obwohl die psycholinguistische Perspektive weit verbreitet ist, bleibt die biologische Forschung, in Zusammenhang mit Sprache und Lernen, ein Diskussionspunkt. Bekannt in der Psycholinguistik ist der kognitive Ansatz, der von dem Vertreter der outside-in Theorien, Jean Piaget, entwickelt wurde, der das Sprachenlernen eines Kindes mit der kognitiven Entwicklung begründet. Bei jedem Sprachenlernen verknüpfen sich Sprachenlerntheorien und laut Wolfgang Tönshoff machen Lernstrategien dem Lerner der Lernprozesse diese bewusst und deswegen sinnvoll.[85]

Unter **kognitiven Leistungen** versteht Karl Christian Mayer: „*Leistungen des Gehirns auf Grundlage und mit Verarbeitung von Sinnesreizen und anderen Wahrnehmungen auf intellektueller, bzw. verstandesmäßiger Grundlage, Entstehung von Wissen und Gedächtnisinhalten, deren Einordnung in bekannte Kategorien und deren Verarbeitung sowie Nutzung für neue Situationen. (Weiterhin) das Bewusstsein seiner selbst, der eigenen Vergangenheit, Gegenwart und Zukunft, sowie der vergangenen und der gegenwärtigen Umwelt.*“[86]

Bezüglich des Spracherwerbs und des Lernens von Sprache bezeichnet **Kognition** die Fähigkeit, Wissen aufzunehmen, zu speichern, zu verarbeiten und darüber hinaus zu produzieren. Sie konzentriert sich auf die Entwicklung von Funktionen des Gehirns wie Denken, Lernen, Sensibilisierung, Urteil und Verarbeitung von Informationen, Erkennen von Zusammenhängen, Sprachverstehen und Sprachproduktion, Aufmerksamkeit, Wahrnehmungsorganisation, praktische Fertigkeiten, Exekutivfunktionen (Planen, Voraussicht, Urteilen und Handeln, Entscheidungen treffen). Es ist auch die Phase, in der sich Erinnerung und Phantasie entwickeln. In der kindlichen Entwicklung dominiert aber eine Bewusstseinsfunktion die anderen Funktionen. So versteht ein Kind in früher Kindheit zwar einfache Ursachen und Zusammenhänge, es ist sich aber seines Verstehens als solches noch nicht bewusst.[87]

Rosemary Tracy wiederum, fügt folgende Aussage von Vygotskij hinzu: „*Ich binde einen Knoten. Ich mache das bewusst. Ich kann aber nicht sagen, wie ich das ge-*

---

[85] Vgl. Tönshoff, Wolfgang: *Fremdsprachenlerntheorie*. o.O, 1995, S. 12.

[86] Mayer, Christian Karl: http://www.neuro24.de/show_glossar.php?id=913; Stand 09.29.2012.

[87] Vgl. Mayer, Christian Karl: http://www.neuro24.de/show_glossar.php?id=913; Stand 09.29.2012.

macht habe.[88] Das Kind der frühen Kindheit ist bereits zu komplexen kognitiven Leistungen fähig. *„Die Verbindung von frühen sensomotorischen Erfahrungen und den eigentlichen Denkakten, wie die Unterscheidung von Gegenstandsmerkmalen haben, dem Kind die Begriffsbenennung ermöglicht und dazu geführt, dass es seine Sprache immer mehr ausdifferenziert hat"*[89]

Unter der Annahme, dass sich kognitive Denkstrukturen mit zunehmendem Lebensalter verändern, wird auch von einer sensiblen Phase beim Spracherwerb im Allgemein aus-gegangen. Jedes sich normal entwickelnde Kind lernt die wesentlichen strukturellen und auch lexikalischen Gegebenheiten seiner Muttersprache bis zum Schuleintritt.[90] Die Sprachentwicklung, egal ob es eine Mutter- oder eine Begegnungssprache ist, lässt sich mit dem biologischem Alter, kognitiven Strukturen und emotionalen Zuständen verbinden. „Sensible Phasen des Spracherwerbs", wie Jean Piaget es genannt hat, sind die Zeit, in der eine Sprache am besten gelernt werden kann. Diese Phase hat keinen festen Anfangs- oder Endpunkt, der bei allen Kindern gleich wäre. Die sogenannten „sensiblen Phasen" gliedern sich aufeinander aufbauend, jedoch nicht automatisch verlaufend. Sie sind von drei voneinander abhängigen Faktoren bestimmt, damit sich Sprache erst einmal bilden und entwickeln kann:

- endogene Faktoren. Hierbei handelt es sich um ein vorgeschriebenes Schema (Entwicklungsprogramm), welches bei jedem Menschen vorgegeben ist, beziehungsweise: biologische Voraussetzungen, Intelligenzentwicklung, kognitiver Entwicklungsstand, der Entwicklungsstand in der Muttersprache. Diese sind anlagebedingt und verlaufen bei gesunden Kindern in etwa zeitgleich ab, d.h. die Fähigkeit, sprechen zu lernen ist angeboren und in allen Ländern der Welt entwickelt sich die Sprache nach dem gleichen System.

- exogene Faktoren (Umwelt- vorherrschende Kontakt und Lernsituationen, die zur Verfügung stehende Zeit und Energie). Dabei handelt es sich um Reize, welche das Kind aus der Umwelt aufnimmt. Beispielsweise, wie oft und intensiv die Eltern mit ihrem Kind sprechen. Diese Faktoren geben der endogenen Entwicklung den „Feinschliff". Sie werden vom Kleinkind

---

[88] Vgl. Tracy, Rosemarie: *Wie Kinder Sprachen lernen und wie wir sie dabei unterstützen können.* Tübingen 2008, S. 69.

[89] Schenk-Danzinger, Lotte: *Entwicklung, Sozialisation, Erziehung: Von der Geburt bis zur Schulfähigkeit.* 3. Aufl., Nachdruck. Stuttgart 1998, S. 157f.

[90] Gruber, Hans; Prenzel Manfred u.a: Spielräume für Veränderung durch Erziehung. In: Krapp, Andreas; Weidemann, Bernhard (Hg.): *Pädagogische Psychologie. Ein Lehrbuch.* 5., vollständig überarb. Aufl. Weinheim 2006, S. 100ff.

aufgenommen und die Sprache wird entsprechend geformt: Dialekt, schnelles oder langsames Sprechen oder auch Sprachfehler. Es eignet sich die Sprache der Eltern an. Es muss also ein Reiz vorhanden sein, damit das Kind weiß, was es lernen soll zu sprechen.

- autogene Faktoren (eigener Wille- Emotionen, Affekte, Motivation). Diese beziehen sich auf den eigenen Willen des Kindes, d.h., will ein Kind nicht sprechen, wird es dies auch nicht tun. Es ist also abhängig von den autogenen Faktoren, ob es sich um ein Kind handelt, welches beispielsweise „mundfaul" oder eine „Plappertasche" ist.[91]

Alle drei Gruppen stehen in enger Wechselbeziehung zueinander und haben unterschiedliche Einflüsse auf das Kind. Die biologischen Bedingungen Kinder verschiedenen Alters beispielsweise, haben nicht dasselbe Entwicklungsniveau, was auch für den Spracherwerb gilt. Unter normalen Lebensumständen lernt jedes Kind eine Erstsprache, beim Erlernen einer weiteren Sprache haben Kinder aber unterschiedliche Erfolge oder sie schneiden in verschiedenen Fertigkeiten nicht gleich ab.[92]

Laut Jean Piaget führt eine Unterbrechung oder Störung der sich entwickelnden Faktoren, zu einem Endpunkt der Lernfähigkeit für nahezu alle Bereiche der Sensormotorik und wahrscheinlich auch der Kognition.

Wolfgang Börner vergleicht das kognitiv-emotionale System des Menschen von Jean Piaget mit einem Motor.[93] Je mehr und differenzierter Kinder die Möglichkeit haben, Sprache(n) zu erfahren, desto mehr neuronale Verbindung werden im frühkindlichen Alter aufgebaut. „Aufgrund des später einsetzenden Verlustes an Plastizität und wegen der zunehmenden Lateralisierung können bestimmte Fähigkeiten (z. B. die Aussprache jener Laute, die nicht in der Muttersprache vorhanden sind) später nur noch mit sehr viel größeren Anstrengungen - wenn überhaupt - erworben werden.

---

[91] Vgl. Bründler, Paul; Bürgisser, Daniel u.a: *Einführung in die Psychologie und Pädagogik. Lerntext, Aufgaben mit kommentierten Lösungen und Glossar.* Zürich 2004, S. 162.

[92] Vgl. Apeltauer, Ernst: Sind Kinder bessere Sprachenlerner? In: *Lernen in Deutschland*, Zeitschrift für interkulturelle Erziehung. 1992, S. 6f.

[93] Vgl. Börner, Wolfgang; Vogel, Klaus: *Emotion und Kognition im Fremdsprachenunterricht.* Tübingen 2004, S. 91.

Spracherwerb ist somit ein Prozess der selektierenden Reduktion neurophysiologischer Möglichkeiten."[94]

Kinder eignen sich aufgrund ihrer kognitiven Lernstrukturen eine Sprache eher intuitiv-ganzheitlich an, während Erwachsene eine Sprache eher analytisch lernen und sich sprachliche Elemente oder Strukturen bewusst aneignen.

Lutz Götze unterscheidet hierbei implizites und explizites Sprachwissen, welches vor allem mit der Ausbildung von metalinguistischem Wissen zusammenhängt. Im Alter von fünf Jahren ist zwar ein implizites Sprachwissen vorhanden, das einen korrekten Sprachgebrauch und eine erfolgreiche Kommunikation ermöglicht, eine metalinguistische Reflektion wird jedoch frühestens ab acht Jahren angenommen. Die Entwicklungsstufe des Vorschulalters wird deshalb auch als die der „intuitiven Intelligenz" bezeichnet, in welcher die Sprache intuitiv, instrumentell und situationsbezogen angeeignet wird. Von aktuellen Ansätzen der Kognitionsforschung wird zwar anerkannt, dass die ersten Lernprozesse stärker intuitiv und implizit ablaufen, Versuchsreihen bezeugen jedoch schon sehr frühzeitige Ausprägungen sprachlichen Bewusstseins beim Kleinkind. Sprachliches Bewusstseins, vor allem Selbstkorrekturen, Kommentare zur Sprache von Gesprächspartnern (Aussprache, Dialekt, Stil, Wortbedeutungen), explizite Fragen zu Sprachstruktur und Sprachgebrauch sowie Kommentierungen eigener Sprache und eigenen Sprachgebrauchs wurden bereits bei Kindern im Alter von zwei bis sechs Jahren entdeckt. Das kindliche Verlangen nach sprachlichen Regeln sieht Götze besonders stark ausgeprägt bei zweisprachig aufwachsenden Kindern, die anfangs intuitiv, später aber immer bewusster, Regeln des Sprachvergleichs aufstellen.[95]

Dieser Ansicht ist ebenfalls Ernst Apeltauer, der davon ausgeht, dass sich bei Kindern, die schon früh in Kontakt mit einer zweiten Sprache kommen, diese Fähigkeiten bereits früher entwickeln.[96]

---

[94] Zitiert nach: *Workshop des Forum Bildung am 14. September.* Berlin 2001, S. 54.

[95] Vgl. Götze, Lutz: Was leistet das Gehirn beim Fremdsprachenlernen? Neue Erkenntnisse der Gehirnphysiologie zum Fremdsprachenerwerb. In: *Zeitschrift für Interkulturellen Fremdsprachenunterricht*; http://zif.spz.tu-darmstadt.de/jg-02-2/beitrag/goetze1.htm; Stand 12.09.2012.

[96] Vgl. Apeltauer, Ernst: Sind Kinder bessere Sprachenlerner? In: *Lernen in Deutschland*, Zeitschrift für interkulturelle Erziehung. 1992, S. 9.

Jean Piaget vertritt die These, dass die Biologie nicht der bedeutsamste Faktor des Sprachenlernens sei. *„Sprachliche Stimuli, durch Erfahrungen mit den Eltern und Interaktion mit anderen Menschen im Allgemeinen, wirken auf die kognitive Entwicklung des Kindes ein"*, so der Entwicklungspsychologe. Die kognitive Entwicklung eines Kindes teilt er in vier Stadien ein, von denen vor allem die ersten beiden für diese Arbeit von großer Bedeutung sind:

Stadium	Aktivität des Kindes
1 Die sensomotorische Periode (0-2 Jahre)	etabliert eine Verbindung mit der Umwelt; der aktuelle Augenblick macht seine ganze Welt aus; kann am Ende des Stadiums verschiedene Handlungsschemata voneinander unterscheiden;
2 Die prä-operationale Periode (2-7 Jahre)	behält Erfahrungen über längere Zeit; seine Welt besteht nur aus dem Handgreiflichen und ist von Generalisierung geprägt; Egozentrik kennzeichnet diese Periode.
3 Die konkret-operationale Periode (7-11 Jahre)	kann seine Erinnerungen voneinander getrennt halten; hält mehrere Repräsentationen für dasselbe; denkt immer noch an die konkrete Ebene;
4 Die formal-operationale Periode (11-15 Jahre)	kann sich über das Konkrete hinwegsetzen; kann auf mehrere räumliche Ebenen arbeiten und deswegen mentale Bilder, Metaphern und etwas in übertragenem Sinne begreifen.

[97]

Piaget glaubt generell an die Einwirkungen der Umwelt, wohingegen Noam Chomsky die biologischen Werkzeuge für den determinierenden Faktor hält. Dass ein Kind überhaupt von seinem sprachlichen Vermögen profitieren kann, setzt, laut Chomsky, eine biologische Sprachfähigkeit voraus, aber *„dass die Sprachfähigkeit (als Gehirn-*

---

[97] Edmondson, Willis; House, Juliane: *Einführung in die Sprachlehrforschung.* Tübingen 2006, S. 95f.

funktion) irreparable Schäden erleidet, wenn in der frühkindlichen Entwicklung keine sprachlichen Stimuli vorhanden sind, ist ebenfalls empirisch belegt"[98]

Laut Lotte Schenk-Denzinger, hat das Kind zum Einen die Tendenz zur Anthropomorphisierung, die die gegenständliche Umwelt mit Fähigkeiten ausstattet, über die es selbst verfügt. Zum Anderen besteht die Tendenz des Finalismus, welches alle Erscheinungen dieser Altersstufe als zweckbedingt ansieht. So wird es z. B. nach Anschauung des Kindes nur Nacht, weil die Menschen schlafen gehen müssen. Das Kind schreibt Ereignisse und Erscheinungen in der Umwelt eher dem Wirken einer höheren Macht zu, als an naturwissenschaftliche Erklärungen zu glauben, *„oder irgendwelche Kräfte, die den Dingen selbst innewohnen und die diese willkürlich einsetzt.*" Dieses magische Denken machen sich Pädagogen/innen zunutze, wenn sie eine Handpuppe verwenden und offen lassen, ob sie die Puppe führen, oder ob die Puppe selbst spricht. *„Kinder sind nicht dumm, sie haben offenbar ein Bedürfnis nach magischen Gestalten.*"

Weiterhin ist zu beachten, dass das Kind in früher Kindheit zwar die Dimensionen Raum und Zeit bereits kennt, allerdings noch keine Vorstellung über das Verhältnis der Dimensionen zueinander hat. Die Raumkategorien für das Kind sind Nachbarschaft, Geschlossenheit (etwa in Form eines Kreises) und Eingeschlossenheit (etwa in Form eines verschlossenen Behälters, den es jederzeit wieder öffnen kann). Zeitabläufe wiederum werden für das Kind *„durch räumliche Gegebenheiten oder andere wahrnehmbare Veränderungen repräsentiert*", z. B. größere Menschen sind immer älter als vom Körpermaß kleinere. Die Vorstellung des Kindes von Raum und Zeit muss in der Auswahl und Vermittlung von Begriffen in der Zielsprache berücksichtigt werden.[99]

Aus den hier dargestellten Ausführungen kann festgehalten werden, dass sich aufgrund der spezifischen kognitiven Verarbeitungsstrukturen von kleinen Kindern, Konsequenzen für eine altersspezifische Methodik des Sprachenlernens im Kindergarten ergeben müssen. Zudem wird deutlich, dass aus Sicht der Kognitionsforschung frühes Sprachenlernen als positiv für die weitere kognitive Entwicklung von Kindern bewertet wird.

---

[98] Chomsky, Noam. In: Schwarz, Monika: *Einführung in die kognitive Linguistik.* Tübingen 1996, S. 112.

[99] Vgl. Schenk-Danzinger, Lotte: *Entwicklung, Sozialisation, Erziehung: Von der Geburt bis zur Schulfähigkeit.* 3. Aufl., Stuttgart1998, S. 163f.

2.2 Emotionale Faktoren

Das menschliche Gehirn wird stark von Empfindungen und Emotionen beeinflusst. Unter **Emotionen** werden komplexe chemische Reaktionen im Gehirn verstanden, die ohne bewusstes Handeln, Ereignisse und Gefühlswahrnehmung auslösen. Sie reagieren in zahl- und facettenreichen Abstufungen positiv, negativ oder neutral auf die Umwelt und beeinflussen wesentlich die Beziehung zu der Umgebung und den Mitmenschen.

Bezüglich des frühen Sprachenlernens werden unter Emotionen die Befindlichkeit der Kinder beim Erleben der eigenen Individualität und ihre Befindlichkeit in der Lerngemeinschaft verstanden. Kinder brauchen eine konstante Bezugsperson, die fest mit der Sprache verbunden ist, genauso wie emotionale Zuwendung. Sind diese Faktoren gegeben, bilden sich schließlich *„geistige Beweglichkeit und angemessene Selbstbeherrschung aus, die das Kind bei seinen zunehmend anspruchsvollen Auseinandersetzungen mit der Umwelt"* braucht.[100]

Neben der positiven Beziehung zum Pädagogen/innen wird das Kind auch durch seine Neugierde und seinen Spieltrieb motiviert. *„Neugierde, die Grundlage von Informationsbedürfnis, Wissensdrang und schöpferischer Tätigkeit [...], scheint hauptsächlich für effektiven Lernfortschritt auf der Basis der Eigendynamik des menschlichen Organismus"*[101] (verantwortlich zu sein). Das Kind lernt nur, wenn es sich in der Lernumgebung sowie in der Beziehung zur Bezugsperson sicher und wohl fühlt, wenn es neugierig wird auf die neue Sprache und wenn sein Spieltrieb aktiviert wird. Diese bezüglichen didaktischen Mängel gleichen Kinder im Gegensatz zu Erwachsenen nicht durch Fleiß, sondern durch Unaufmerksamkeit aus.

Emotionen sind also ein wichtiger Faktor der frühkindlichen Sprachenvermittlung. Allerdings können Emotionen gestört werden, z. B. durch äußere Faktoren wie Stress, Lärm oder optische Überreizung, aber auch durch lernhemmende Emotionen wie Desinteresse, Misserfolg, Enttäuschung, Aggression oder Befremden. Diese Faktoren sind insofern wesentlich für den Lernerfolg, als die Lernenden in der Lern-

---

[100] Vgl. Grossmann, Klaus E: Bindungsgefühl. In: Euler, Harald A.; Mandl, Heinz (Hg.) *Emotionspsychologie. Ein Handbuch in Schlüsselbegriffen.* München1983, S. 168f.

[101] Kühne, Norbert: *Praxisbuch Sozialpädagogik. Arbeitsmaterialien und Methoden.* Bd. 6. Troisdorf 2008, S. 42.

situation nicht nur die vermittelten Sachinformationen aufnehmen, sondern gleichzeitig auch alle Begleitinformationen, wie die Lernumgebung oder das emotionale Verhältnis zum Pädagogen/innen.[102] Die damit verbundenen positiven und negativen Emotionen werden dadurch wiederum zu Begleitinformationen des Lernstoffs. *„Verweigert sich ein Kind dem Sprachenangebot, so ist das demnach nicht in erster Linie das Ergebnis bösen Willens, sondern das Resultat von Lernhemmnissen, auf die der Schüler selbst keinen aktuellen Einfluss hat, die aber mittel- und langfristig geändert werden können.“*[103] Positiv formuliert heißt das: Wenn die Lernatmosphäre vertraut ist und sich das Kind wohl fühlt, wird in der Lernsituation eine positive Hormonreaktion aktiviert. Beim späteren Informationsabruf wird in der Folge auch die empfundene Freude erinnert und der Körper entspannt sich.

Ebenso wichtig wie die Beachtung der lernhemmenden Emotionen ist die Beschäftigung mit lernfördernden Emotionen. Zu den lernfördernden Emotionen gehören das Bindungsgefühl und die Motivation. Es ist äußerst wichtig, als Lehrperson den Beziehungsaspekt im Lernprozess und in der Interaktion zwischen Gruppe und Lehrperson bewusst wahrzunehmen, für sich selbst oder in der Gruppe zu thematisieren und aufzuarbeiten. Wenn die Qualität der Bindung zur Lehrperson unsicher ist, kann der Lernprozess konfliktreich sein. Im Gegensatz dazu lernt das Kind zuversichtlich, wenn die Bindung sicher ist und ein positives Verhältnis von Pädagogen/innen und Kind vorhanden ist.[104]

2.3 Das Spiel als dominante Lernform

Im letzten Abschnitt wurde folgendes angesprochen: Kinder lernen anders, was Konsequenzen für die frühkindliche Mehrsprachigkeit hat. Während Erwachsene beim Sprachenlernen (aus Gewohnheit) Tabellen wünschen und sich grammatische Assoziationen zunutze machen, lernt das Kind aus dem Sachzusammenhang. Das

---

[102] Vgl. Vester, Frederic: *Denken, Lernen, Vergessen.* 21. Aufl. München 1994, S. 114f.

[103] Roth, Gerhard: Möglichkeiten und Grenzen von Wissensvermittlung und Wissenserwerb. Erklärungsansätze aus Lernpsychologie und Hirnforschung. In: Caspary Ralf (Hg.): *Lernen und Gehirn. Der Weg zu einer neuen Pädagogik.* Freiburg 2006, S. 67f.

[104] Vgl. Nauwerck, Patricia: Fremdsprachenvermittlung im Kindergarten - Was sagt die Sprachwissenschaft dazu? In: Huppertz, Norbert (Hg.) *Fremdsprachen im Kindergarten.* o. O, 2003, S. 49.

kleine Kind nützt ganzheitliche Verarbeitungsstrategien im Umgang mit Sprache. Erst mit zunehmendem Weltwissen werden die Lernstrategien immer analytischer.

Das Spiel der Kinder ist keine sinnlose, lediglich zeitvertreibende Beschäftigung, sondern die wichtigste Lern- sowie Lebensform und sinnvoll für Entwicklungsmöglichkeiten. *„Das Spiel dieser Zeit ist nicht Spielerei, es hat hohen Ernst und tiefe Bedeutung [..] Spiele sind Herzblätter des gesamten Lebens.“*[105]

Horst-Eberhard Richter unterscheidet drei Spielarten/ Spielverhalten:

- Spielen ist ein eher spontanes Verhalten und weniger von außen initiiert;
- Spieltätigkeiten werden um ihrer selbst willen ausgeführt, sie motivieren Kinder von innen heraus;
- Spielen bereitet Vergnügen, es ist also von positiven Gefühlen begleitet.

„Spielen bedeutet für das Kind, sich aktiv mit seiner Umwelt auseinander zu setzen. Schon im Alter von ca. 4 Monaten beginnt es, neugierig nach Gegenständen zu greifen und diese in den Mund zu stecken und erfährt [...], dass es sie sehen, hören, riechen, schmecken und ertasten kann.“[106] Im Verlauf der Entwicklung ahmt das Kind Handlungen nach, variiert diese im Rollenspiel oder beginnt, komplexe Begebenheiten zu erfassen. Es erfährt spielend seine Umwelt und verarbeitet Erfahrungen mit der Umwelt und mit den anderen Menschen. Ist das Kind mit der Suche nach Neuem und Interessanten beschäftigt, herrschen in seinem Gehirn Unruhe, Erregung und Spannung. Durch ein Erfolgserlebnis wird diese Spannung plötzlich in Wohlbehagen, Freude und Zufriedenheit aufgelöst. Diese positiven Emotionen machen wiederum Lust auf eine neue Suche. Dazwischen braucht das Kind Ruhephasen, damit sich das Gefundene setzen kann.[107]

Ebenfalls Sprache nehmen junge Kinder gestalterisch wahr. Die Lernweise des Kindes ist damit eine höchst aktive und reproduzierende Lernmethode. Wegen der komplexen Arbeitsweise des kindlichen Gehirns lernt das Kind im unbekümmerten,

---

105 Fröbel, Friedrich. 1994, zitiert nach: Berger, Manfred. In: *Auf den Spuren Friedrich Fröbels in Thüringen. Stationen einer Bildungs-/Erlebnisreise in die Vergangenheit und Gegenwart.* Martin R. (Hg.); http://www.kindergartenpaedagogik.de/809.html; Stand 15.10.2012.

[106] Richter, Erwin; Brügge, Walburga: *So lernen Kinder sprechen.* München 2001, S. 20.

[107] Vgl. Hüther, Gerald: Wie lernen Kinder? Voraussetzungen für gelingende Bildungsprozesse aus neuro-biologischer Sicht. In: Caspary, Ralf (Hg.) *Lernen und Gehirn. Der Weg zu einer neuen Pädagogik.* Freiburg 2006, S. 70ff.

drucklosen Spielen und Ausprobieren am besten. Es entdeckt und festigt seine Fähigkeiten, gewinnt laufend Erkenntnisse und eignet sich spielerisch Kompetenzen des Alltags an.[108]

Die frühkindliche Sprachenvermittlung kann sich die „Universalität des Spiels als Vermittler elementarer Lernprozesse" zunutze machen. Jede Form des Spieles ist ein Lernvorgang. Die Pädagogen/innen sollten dem Kind daher vom ersten Tag an Raum geben, agieren und mit ihnen interagieren zu können. Nach heutigem Kenntnisstand ist anzunehmen, dass ein Teil des Informationsverarbeitungsprozesses „in der Verankerung und Repräsentation, der Erinnerung und Aufrufbarkeit von Information" stattfindet. Kinder in früher Kindheit verspüren den Drang, Neues und Unbekanntes anzufassen, also über den eigenen Körper damit vertraut zu werden.[109]

Je älter das Kind wird, desto deutlicher folgen Spiele gesetzten Zielen. Das Kind wird versuchen, die Aufgabenstellungen so gut wie möglich zu bewältigen, Aufgaben zu erledigen und verschiedene Lerninhalte immer wieder zu üben. Diese Entwicklung kommt der Sprachenvermittlung natürlich entgegen. Wichtig zu beachten ist aber, dass der Spielcharakter durch die Zweckwidmung der Spiele nicht verloren geht. Voraussetzung dafür ist unter anderem ein variations- und kontrastreiches Sprachangebot. Im Spiel mit anderen Kindern nimmt der Wettbewerb eine immer wichtigere Rolle ein. Die Kinder beteiligen sich länger an Wettbewerbssituationen und registrieren Erfolg oder Misserfolg. Kleinere Kinder sind nicht in der Lage, Misserfolge zu ertragen und emotional zu verkraften; aber auch Sechs- bis Siebenjährigen fällt es noch sehr schwer, im Spiel zu verlieren, da dies als Minderung des Selbstwertgefühls erlebt wird. Erst mit etwa sechs Jahren können Kinder Wettbewerb und mit einem (erwachsenen) Partner abwechselndes Spiel verbinden.[110]

Bei der Klassifikation von Spielen gibt es variierende Einteilungen, die sich nach jeweils unterschiedlichen Kriterien richten. Daniela Elster unterstützt die folgende

---

[108] Vgl. Nauwerck, Patricia: Fremdsprachenvermittlung im Kindergarten - Was sagt die Sprachwissenschaft dazu? In: Huppertz, Norbert (Hg.) *Fremdsprachen im Kindergarten*. o. O, 2003, S. 51.

[109] Vgl. Ortner, Brigitte: Alternative Methoden im Fremdsprachenunterricht. Lerntheoretischer Hintergrund und praktische Umsetzung. In: *Forum Sprache*. Ismaning 1998, S. 155.

[110] Vgl. Tracy, Rosemarie: *Wie Kinder Sprachen lernen und wie wir sie dabei unterstützen können*. Tübingen 2008, S. 156.

Klassifizierung von Barbara Stein, die einen guten Eindruck von der Vielzahl an unterschiedlichen Kriterien und Spielformen gibt:

Externe Spielbedingungen

Spiel-Räume: Geländespiele, Heimspiele, Wasserspiele

Spiel-Zeit: Pausen-, Unterrichtsspiele, Kinder-, Erwachsenenspiele, Freizeitspiele

Spiel-Mittel: Karten-, Würfel-, Brett-, Ball-, Puppen-, Instrumentalspiele, Computerspiele

Spiel-Norm: Geregelte – ungeregelte Spiele

Sozialform: Einzel-, Gruppen-, Partnerspiel, Kreisspiel, Mannschaftsspiel

Interne Spielbedingungen bzw. Spiel-Wirkungen

Psychische Bereiche: emotionale, motorische, kognitive, soziale Spiele

Psychische Funktionen und Kräfte: Wahrnehmungs-, Gedächtnis-, Phantasie-, Denk-, Reaktions-, Aufmerksamkeitsspiele

Spieltätigkeiten: Bewegungs-, Strategie-, Simulations-, Darstellungs-, Produktions-, Experimentierspiele

Spiel-Zwecke, Spiel-Inhalte

Spiel-Zwecke: Unterhaltungs-, Abenteuer-, Interaktions-, Kennenlern-, Lernspiele

Spiel-Inhalte: Konstruktions-, Gestaltungs-, Sprachspiele, musikalische, mathematische Spiele.

[111]

2.4 Didaktische Prinzipien

Wenn in einem Kindergarten eine Sprache vermittelt wird, stellt sich den ErzieherInnen die Frage, wie man den Kindern in der Sprache verständlich machen kann, worum es geht. Im Folgenden werden wichtige Prinzipien erläutert, die sich im Rahmen der frühen Mehrsprachigkeit und Sprachenvermittlung bewährt haben.

---

[111] Elsner, Daniela; Wedewer, Veronika: *Begegnung mit Fremdsprachen im Rahmen frühpädagogischer Erziehung.* Bremen 2007, S. 37.

- Das Prinzip der Anschaulichkeit und vorbereiteten Umgebung

In der erstsprachlichen Entwicklung des Kindes können Gegenstandsmerkmale relativ früh unterschieden werden. *„Diese Unterscheidungen beruhen auf ersten Begriffsbildungen, d. h. auf Abstraktion von Merkmalen, die mehreren verschiedenen Objekten gemeinsam sind. [...] „Gelb" ist etwa die Banane, die Zitrone, „eckig" die Tischfläche, der Würfel".* Bei dieser Begriffsbildung handelt es sich *„um eine auf sensomotorische Erfahrung aufbauende, nicht sprachliche Leistung"*, die mit dem *„sensomotorischen Abstraktionsprozess eng verbunden und ohne ihn nicht möglich"* ist.[112]

Laut Ralf Graf brauchen Kinder anschauliche, erfahrbare Materialien, Kommunikationssituationen und sind auf konkrete sinnliche Erfahrung als Grundlage ihrer Denkoperationen angewiesen. *„Anschauung im umfassenden Wortsinn ist nicht auf die rein visuelle Wahrnehmung beschränkt, sondern sie meint ebenso die hör- und fühlbare Vergegenwärtigung der präsentierten Lerninhalte."*[113] Anschauliche Materialien müssen dabei nicht notwendigerweise direkt die Realität widerspiegeln. Gleichermaßen Texte in der Zielsprache sind anschaulich, wenn sie in ihrer sprachlichen und inhaltlichen Komponente an die Phantasie und die Vorstellungskraft der Kinder appellieren – an ihre innere Anschauung.

Die Entwicklung der Lernbereitschaft und -fähigkeit des Kindes wird nicht nur durch biologische Determinanten, sondern auch durch seine Umgebung beeinflusst. Für die Sprachenvermittlung im Kindergarten bedeutet dies, dass die Lernumgebung so gestaltet werden sollte, dass sie eine optimale Konstellation der äußeren Bedingungen ergibt.[114]

Maria Montessori wies darauf hin, dass *„alles in der Umwelt des Kindes nicht nur Ordnung, sondern ein bestimmtes Maß haben muss, und dass Interesse und Konzent-*

---

[112] Vgl. Schenk-Danzinger, Lotte: *Entwicklung, Sozialisation, Erziehung: Von der Geburt bis zur Schulfähigkeit.* 3. Aufl., Nachdruck. Stuttgart 1998, S. 157f.

[113] Graf, Peter; Tellmann, Helmut. *Vom frühen Fremdsprachenlernen zum Lernen in zwei Sprachen. Schulen auf dem Weg nach Europa.* (Europäische Bildung im Dialog. Region – Sprache – Identität) Bd. 5, Frankfurt am Main 1997, S. 84.

[114] Vgl. Graf, Peter; Tellmann, Helmut: *Vom frühen Fremdsprachenlernen zum Lernen in zwei Sprachen. Schulen auf dem Weg nach Europa.* (Europäische Bildung im Dialog. Region – Sprache – Identität) Bd. 5, Frankfurt am Main 1997, S. 75.

ration in dem Grade wachsen, wie Verwirrendes und Überflüssiges ausgeschieden wird."[115] Wenn die Kinder den Lernraum betreten, sollten sie sich vom Aufforderungscharakter der Umgebung und den sinnlich aufbereiteten Lernmaterialien sofort angesprochen fühlen. Dieser Lernraum könnte dabei der multifunktionale Bereich oder ein besonders dekorierter Tisch im Gruppenraum sein, oder ein Raum, der allein der Sprache gewidmet und entsprechend ausgestaltet ist. Mithin also eine Umgebung, welche komplex ist, die Kinder aber trotzdem willkommen heißt – einen variablen Rhythmus zulässt, *„der – wie die Musik – Pausen und Stille braucht.*"[116]

- Das Prinzip der Freiwilligkeit und des Selbsttätigseins

Clara Stern definiert ein „Angebot" als ein Vorschlag, etwas für einen anderen zu tun, sozusagen eine freiwillige Dienstleistung der Erziehenden an die Kinder.[117] In Aktivitäten setzen sich Kinder in ihrem Lernprozess mit den Lerninhalten auseinander. Dies muss ihnen jedoch nicht aufgezwungen werden. Sie dürfen selbst entscheiden und müssen jederzeit aus diesem Angebot aussteigen können. Egal, ob das Kind sich nun aktiv am Angebot beteiligt oder lieber am Rand sitzt und zuhört, die Eindrücke werden verarbeitet und das Gehirn arbeitet auf Hochtouren. Die begleitenden Erwachsenen werden eine solche verbale oder nonverbale Ablehnung erkennen und akzeptieren. Sich bewusst zu machen, dass man mit einem Angebot aus verschiedenen Gründen nie alle Kinder einer Gruppe erreichen kann, entlastet die PädagogInnen und Kinder gleichermaßen. Sprachenlernen ist immer ein „Führen und Wachsen und zugleich Befähigung zur Freiheit und Selbstbestimmung."

Eng mit dem Prinzip der Freiwilligkeit verbunden ist das Prinzip des Selbsttätigseins. Das Kind soll sich die zur Verfügung gestellten Lernangebote und Materialien nicht nur frei auswählen, sondern sich dann auch eigenverantwortlich damit auseinandersetzen können. Das Kind als aktiv lernende Persönlichkeit wahr- und ernst zu nehmen, bedeutet, seine Fähigkeiten beobachtend einzuschätzen, um dann seine individuellen Bedürfnisse ermitteln zu können, *„damit das bei ihm potenziell Vorhandene*

---

[115] Montessori, Maria: *Kinder sind anders.* Aus Ital. v. Percy Eckstein u. Ulrich Weber. Bearb. v. Helene Helming. Ungek. Ausg. 8. München 1993, S. 127.

[116] Zini, Michael: Sehen, hören, fühlen, schmecken, riechen und lieben. Was Pädagogik und Architektur miteinander verbindet. In: *Gebaute Pädagogik. Architektur und Raumgestaltung. Unsere Kinder.* Das Fachjournal für Bildung und Betreuung in der frühen Kindheit. (Hg.) Wien 2009, S. 5f.

[117] Vgl. Stern, Clara: *Die Kindersprache. Eine psychologische und sprachtheoretische Untersuchung.* Leipzig 1994, S. 19.

aktualisiert und realisiert wird." Das oft zitierte „*learning by doing*" entspricht somit den kindlichen Anforderungen. Es lernt „*durch Selbsttätigsein und durch Aufgreifen von intellektuellen und emotionalen Erlebnissen aus der unmittelbaren Umwelt sowie durch handelnde Auseinandersetzung mit dieser.*" Die Bereitstellung von Lernhilfen durch die Erziehenden steht dabei in einem befruchtenden, dialogischen Verhältnis mit der Selbsttätigkeit des Kindes und dies ist Grundvoraussetzung für die Entwicklung der Lernmotivation und für die Ausbildung seiner individuellen Persönlichkeit.[118]

Frühes parallele Sprachenlernen im Kindergarten braucht demnach offene Situationen, in denen die Kinder aktiv und freiwillig mitgestalten können. Je nach persönlicher Neigung und Begabung entwickeln sie Spezialinteressen, die sie zu besonderen Leistungen auf einem bestimmten Gebiet befähigen. Die ungezwungene Förderung der Kinder wirkt sich positiv auf das Spiel und Lerngeschehen der ganzen Gruppe aus und hilft, das Sprachenlernen im Kindergarten zu bereichern und facettenreicher zu gestalten.

- Das Prinzip der kommunikativen Kompetenz und des angstfreien Lernens

Seit den 1970er Jahren beschäftigt die Sprachenunterrichtsforschung die Frage, wie das übergeordnete Lernziel der „Kommunikativen Kompetenz" beim Sprachenlernen umgesetzt werden kann. Denn nicht etwa lautliche oder grammatische, sondern inhaltliche Aspekte der Sprache interessieren das Kind am meisten. Kinder lernen im Wechselspiel zwischen Assimilation und Akkommodation, wie Piaget es genannt hat: „*ich passe die Welt mir an - ich passe mich der Welt an. Die Welt richtet sich nach mir - die Welt zwingt mich, mich nach ihr zu richten.*"[119] Diese Balance zwischen den beiden Polen bildet den Motor für jedes lernen und beginnt spätesten mit dem Schrei nach der Geburt und endet erst mit dem Tod.

---

[118] Vgl. Hupperz, Norbert. 2003, S.19.; Stern, Claudia. 1994, S. 19; Leopold 1994, S. 33. zitiert nach: Boeckmann, Klaus- Börge u. a. *Mehrsprachigkeit in den Kindergärten. Methodisches Handbuch für die Sprachenvermittlung in Kindergärten.* Universität Wien, o. J, S. 71.

[119] Mall, Winfried: Basale Kommunikation- Ein Beitrag der Heilpädagogik zur Behandlung schwerbeeinträchtiger Menschen. In: *Krankengymnastik.* 55. Jg, 8/2003: http://www.winfried-mall.de/pdf/physiotherapie.pdf; S. 3.

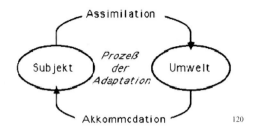

Unter **kommunikative Kompetenz** wird eine sich entwickelnde Fähigkeit von Kindern verstanden, komplexe verbale Aktivitäten so zu organisieren, dass jeweils ein intersubjektiv gültiges Muster etabliert wird, innerhalb dessen sich die zielorientierten kommunikativen Pläne des Kindes realisieren.[121] Dies bedeutet, dass isolierte Übungen, etwa zur Aussprache bestimmter Phoneme, im frühkindlichem Sprachenlehren fehl am Platz sind. Sprechen wird dabei als Handeln verstanden und Sprachenlernen sprachhandlungsorientiert sein.

„Langfristige Lernmotivation und die Entwicklung von Sprachkompetenz sind [...] bei Kindern in der Regel an authentische Sprechanlässe gebunden."[122] Dies fordert die Verstärkung des sprachlichen Umfeldes. Das bedeutet, dass sowohl die Erst- als auch die Begegnungssprache für das Kind *„wahrnehmbar und lebendig"* sein müssen. *„Lebendig heißt, dass Menschen diese Sprache zur Kommunikation nutzen, lebendig heißt auch, dass sich diese Menschen in der jeweiligen Sprache an das Kind wenden und mit ihm kommunizieren."*[123]

Kinder sind auf bewussten Sprachgebrauch und kindgerechte Kommunikation angewiesen. Im Kindergartenkontext bieten sich dabei situationsbezogene Sprachelemente an, die bei ritualisierten Tätigkeiten oder im Spiel ihren festen Platz haben und so für die Kinder greifbar werden. Kinder wollen eine Sprache lernen, wenn sie das Gefühl haben, dadurch mit Anderen sprechen und damit auch spielen zu können

---

[120] Vgl. Stangl, Werner: *Einführung in Psychologie*; Fern-Universität: http://arbeitsblaetter.stangl-taller.at/KOGNITIVEENTWICKLUNG/Piagetmodell.shtml; Stand 4.10.2012.

[121] Vgl. Hausendorf, Heiko; Quasthoff, Uta M.: *Sprachentwicklung und Interaktion. eine linguistische Studie zum Erwerb von Diskursfähigkeiten*. Opladen 1996, S. 26f.

[122] Vgl. Danzer, Claudia; Kranzl-Greinecker, Martin; Krenn, Renate (Hg.): *Sprechen lernen, Sprache finden. Kinder zur Sprachfähigkeit begleiten*. Fachbuchreihe Pädagogik im Verlag Unsere Kinder. Linz 2007, S. 109f.

[123] Vgl. Gombos, Gerog: *Sprachliche Frühförderung schon im Vorschulalter – im Rahmen einer Förderung individueller Mehrsprachigkeit (Plurilingualismus)*. Handreichung für die Bildungsenquete „Startklar für die neue Schule" des SPÖ-Parlamentsklubs am 20.6.2005. Überarb. Version: http://www.zvwien.at/download/bildungspolitiknational/20050622gombosbildungs konferenz.pdf; Stand 20.11.2012

Kleinkinder sind nicht fähig, sich die grammatischen Strukturen der Zielsprache durch das Bewusstmachen von Regeln zu erarbeiten. Allerdings kann es oft im vorschulischen Kontext zu Leistungsdruck kommen – etwa, wenn die Eltern erwarten, dass ihr Kind nach zwei Jahren spielerischen Sprachenlernens im Stande ist, dem Kellner im Urlaub die kulinarischen Wünsche der gesamten Familie mitzuteilen. Sprachenvermittlung im Kindergarten muss jedoch *„jeden als Belastung empfundenen Leistungsdruck vermeiden." Eine Voraussetzung für das „Lernen im entspannten Umfeld"* und das *„Freisein von Zeit- und Leistungsdruck"* ist die Möglichkeit, dass die Kinder das Anspruchsniveau ihrer eigenen Leistung selbst bestimmen.[124]

Jedem Lernprozess liegen konkrete biologische Mechanismen zu Grunde. Neue Informationen, die mit Freude, Erfolgserlebnis, Neugierde, Spaß und Spiel verbunden sind, werden weit besser im Gehirn verankert als mit einer Stresssituation verbundene Lerninhalte. Wird das Sprachenlernen für den Lernenden von unangenehmen Erlebnissen befreit und mit angenehmen, schönen Erinnerungen verknüpft, soll auch die Ausschüttung von Stresshormonen im Gehirn durch die Nebennieren verringert werden. So können *„die vorhandenen Assoziationsmöglichkeiten für das Denken und Lernen voll genutzt werden".* Frederik Vester spricht von einem *„doppelten Effekt",* da beim späteren Abrufen der Lerninhalte auch die positiven Emotionen, die Freude an der Sprache und der Spaß beim Lernen wieder erinnert werden.[125] Nur so können Kinder angst- und stressfrei lernen – und mehr als ein positiver, spielerischer Erstkontakt mit einer Begegnungssprache soll Sprachenlernen im Kindergarten auch nicht sein.

- Das Prinzip des ganzheitlichen Lernens und der Passung

Der Begriff ganzheitliches Lernen bedeutet im pädagogisch-didaktischen Sinn Lernen mit „Kopf, Herz und Hand", wie der Pädagoge Johann Heinrich Pestalozzi es in seiner ganzheitlichen Pädagogik formuliert hat. Denken und Wissen, Fühlen und Emotionen, Handeln und Aktion sind seine wesentlichen Bestandteile.

---

[124] Vgl. Niederle, Charlotte. 2000b, S. 24, zitiert nach: Boeckmann, Klaus- Börge u. a. *Mehrsprachigkeit in den Kindergärten. Methodisches Handbuch für die Sprachenvermittlung in Kindergärten.* Universität Wien, o. J, S. 72.

[125] Vgl. Vester, Frederic. 1994, S. 155., zitiert nach: Boeckmann, Klaus- Börge u. a *Mehrsprachigkeit in den Kindergärten. Methodisches Handbuch für die Sprachenvermittlung in Kindergärten.* Universität Wien, o. J, S. 71.

Ralf Graf unterstützt diese These: *„Der Begriff der Ganzheitlichkeit bezieht sich sowohl auf das didaktische Prinzip des ganzheitlichen Lernens, als auch auf das Bild vom Kind in seiner Ganzheit von Körper, Geist und Seele und auf ein ganzheitliches Verständnis von Sprache, die nicht nur Laute, Struktur und Inhalt umfasst, sondern untrennbar mit einem Sprecher und einer Sprechsituation verbunden ist.“* Für Kinder, die *„ein Labor für Sinne“* genannt werden, ist es besonders wichtig in den ersten sieben Lebensjahren, möglichst alle Sinneskanäle für ihren Lernprozess zu nutzen, um alle Repräsentationssysteme zu bedienen und so späteren Lernproblemen vorzubeugen. *„Sie haben eine synästhetische Fähigkeit (und) nehmen gleichzeitig mehrere Sinneseindrücke wahr.“*[126]

Die Sprache wird als Kommunikationsmittel verwendet, das über frohe und spielerische Erlebnisse, über Bewegungslernen und die Interaktion mit Gesprächspartnern geschieht. Demzufolge müssen die Sprachaufnahme und -anwendung in anschaulichen und konkret erfahrbaren Kommunikationssituationen erfolgen. So vermitteln ganzheitlich ausgerichtete Sprachlernangebote nicht nur die Zielsprache, sondern *„eröffnen dem Kind [darüber hinaus] Erlebnis-, Denk- und Handlungsmöglichkeiten, die für seine Lebenssituation bedeutsam sind und auf denen späteres Lernen aufbauen kann.“*[127] Dies bedeutet, dass die Zielsprache kindorientiert und ganzheitlich, unter Einbeziehen verschiedener Lernkanäle wie Hören, Sehen, Riechen, Schmecken, Tasten und Bewegungserfahrungen vermittelt wird. Denn ein Kind behält im Durchschnitt: 20% von dem, was es hört,

30% von dem, was es sieht bzw. liest,

50% von dem, was es hört und sieht,

80% von dem, was es selbst sagt,

90% von dem, was es selbst tut.[128]

Durch eine solche ganzheitliche Darbietungsweise von Sprache können sich Begriffe im Hirn vielfach verankern. Mehrkanaliges Lernen bietet stärkere Assoziationsmög-

---

[126] Vgl Graf, Ralf 1997, S. 77.; Zini, Michael 2009, S. 6f., zitiert nach: Boeckmann, Klaus- Börge u. a *Mehrsprachigkeit in den Kindergärten. Methodisches Handbuch für die Sprachenvermittlung in Kindergärten.* Universität Wien, o. J, S. 69.

[127] Vgl. Stern, Clara: Die Kindersprache. Eine psychologische und sprachtheoretische Untersuchung. Leipzig 1994, S. 20.

[128] Vgl. Chighini, Patricia; Kirsch, Dieter. 2009, S. 13., zitiert nach: Boeckmann, Klaus- Börge u. a. *Mehrsprachigkeit in den Kindergärten. Methodisches Handbuch für die Sprachenvermittlung in Kindergärten.* Universität Wien, o. J, S. 61.

lichkeiten als ein „realitätsfremdes Eintrichtern." Eigene Aktivität begünstigt dabei „eine Entwicklung der Verschaltungen im Gehirn", da das Wortschatzgedächtnis assoziativ arbeitet. Durch das Wahrnehmen eines neuen Begriffes über mehrere Eingangskanäle wird das neue Wissen kontextualisiert und kann später besser abgerufen werden.[129]

Unter dem Prinzip der Passung verwenden Jürgen und Wolfgang Butzkamm aber *„das Prinzip der Mehrdarbietung und das Prinzip der leichten Überforderung synonym"*[130]. Hierunter ist das „Gehen" vom Leichten zum Schwierigen und vom Ganzen zum Detail zu verstehen. Jedes Kind wird dabei dort abgeholt, wo es steht. Das bedeutet ein individuell auf jedes Kind abgestimmtes Sprachenangebot, in dem die individuelle Dynamik im Kind wahrgenommen und akzeptiert wird.[131] Dabei ist der Erziehende gefordert, die Balance zwischen Unterforderung und Überforderung der individuellen Leistungsfähigkeit und Leistungsbereitschaft zu halten, was nur durch entsprechende Vorbereitung, permanente Beobachtung und Reflexion von Sprachenlernprozessen möglich ist. Die Erfolgserlebnisse sind dabei von großer Bedeutung, weil sie Vertrauen in eigene Fähigkeiten wecken und damit das Selbstvertrauen des Kindes stärken. Wer Kinder fördern will, muss sie fordern, *„muss ihnen immer mehr bieten, als ihrem augenblicklichen Kenntnisstand entspricht"*, denn den *„höchsten Aufforderungscharakter haben diejenigen Aufgaben, die vom Kind unter Aufbietung all seiner Kräfte gerade noch gelöst werden können."*[132]

- Das Prinzip der Wiederholung und der sachbezogenen Verstärkung

Das alte Sprichwort „Übung macht den Meister" trifft auch auf das Sprachenlernen in früher Kindheit zu. *„Erlerntes wird umso wertvoller, je öfter es gebraucht wird"* und *„das ständige Wiederholen sämtlicher bereits kennengelernter Strukturen"* ist

---

[129] Vgl. Kuhne, Norbert. 2008, S. 43., zitiert: nach Boeckmann Klaus- Börge u. a. *Mehrsprachigkeit in den Kindergärten. Methodisches Handbuch für die Sprachenvermittlung in Kindergärten.* Universität Wien, o. J, S. 69

[130] Butzkamm, Wolfgang: *Wie Kinder sprechen lernen. Kindliche Entwicklung und die Sprachlichkeit des Menschen.* Tübingen 1999, S. 100.

[131] Vgl. Kuhne, Norbert. 2008, S. 44., zitiert nach: Boeckmann, Klaus- Börge u. a.: *Mehrsprachigkeit in den Kindergärten. Methodisches Handbuch für die Sprachenvermittlung in Kindergärten.* Universität Wien, o. J, S. 70.

[132] Vgl. Niederle, Charlote. 2000b, S. 25., zitiert nach: Boeckmann, Klaus- Börge u. a.: *Mehrsprachigkeit in den Kindergärten. Methodisches Handbuch für die Sprachenvermittlung in Kindergärten.* Universität Wien, o. J, S. 69.

Voraussetzung dafür, dass die jeweiligen Lerninhalte nachhaltig im „*Gedächtnis verankert werden*" und auch nach einer längeren Pause mit geringem Aufwand wieder abgerufen werden können. Diese Wiederholungen können in Rituale eingebettet werden, was besonders am Anfang des Lernprozesses die Festigung grundlegender Kenntnisse erleichtert und den Kindern Sicherheit gibt. Durch Wiederholungen und Abwandlungen wird Erlebtes gefestigt und kann in anderen Situationen angewandt werden.[133]

Rosemary Tracy stellt verschiedene Möglichkeiten vor, wie bereits eingeführte Wörter in unterschiedlichen Kontexten lustvoll von und mit den Kindern wiederholt werden können. Dadurch bekräftigen sich ihre Annahmen bezüglich der Bedeutung der Wörter und thematisch verwandte Wörter werden innerhalb eines gemeinsamen Netzwerkes miteinander verknüpft. Dies zeigt, dass das Abrufen und Vertiefen von passivem Wortschatz durch Wiederholung ein wichtiger Teil des Lernprozesses ist, den das Kind aktiv vorantreibt.[134]

Erfolg und Misserfolg sind wichtige „Größen" beim Sprachenlernen. Wer ein Erfolgserlebnis in der Kommunikation in einer Fremdsprache hatte, wird motiviert sein, seine fremdsprachlichen Kompetenzen zu vertiefen und weiter auszubauen. Solche Erfolgserlebnisse stärken das Selbstwertgefühl und die Lernmotivation in gleichem Maße, wie Misserfolge sie schwächen können. „*Das junge Kind, dessen Selbstwertgefühl erst im Aufbau begriffen ist, ist [...] besonders empfindlich. Es braucht daher viele Erfolgserlebnisse.*" In unmittelbarem Zusammenhang damit steht der Umgang mit Fehlern. Das Kind braucht die nötige Zeit, „*vom Zuhören und Zusehen zum Nach- und Mitsprechen zu finden und auch Fehler machen zu können.[...] Dementsprechende Bedeutung hat ein fehlerfreundlicher Umgang mit den lernenden Kindern.*" Ein wichtiger Moment dabei ist, dass sich der Erziehende mit seiner Wertung zurücknimmt. „*Ergebnisse, die sichtbarer Ausdruck der eigenen Tüchtigkeit sind, genügen meist auch als ‚Verstärker'. Das Kind weiß aufgrund seiner Leistung selbst, dass es ‚gut' ist.*"

---

[133] Vgl. Stern, Clara. 1994, S. 19f., zitiert nach: Boeckmann, Klaus- Börge u. a *Mehrsprachigkeit in den Kindergärten. Methodisches Handbuch für die Sprachenvermittlung in Kindergärten.* Universität Wien, o. J, S. 72.

[134] Vgl. Tracy, Rosemarie: *Wie Kinder Sprachen lernen und wie wir sie dabei unterstützen können.* Tübingen 2008, S. 194.

Die Aufgabe der Erziehenden ist hier lediglich, genügend Angebote und Sprechanlässe zur Verfügung zu stellen, um dem Kind viele Gelegenheiten zu geben, sich eigenständig mit den Lerninhalten auseinander zu setzen und damit erfolgreich zu sein. Ein solches Erzieherverhalten wirkt der Angst vor Fehlern entgegen, da es Fehlern freundlich gegenübersteht. „*Fehlerfreundlichkeit bedeutet, Fehlern ihre magische Anziehungskraft zu nehmen, sie nicht mehr wichtig zu nehmen.*" Es ist nicht notwendig, Kinder sofort zu verbessern, wenn sie Fehler machen. Ein solches Verhalten kann sogar kontraproduktiv wirken, da viele Kinder es als beschämend und ablenkend erleben, immer wieder unterbrochen zu werden. Neben der sprachlichen Kompetenz kann es auch ein wertvolles Lernziel sein, zu vermitteln, „*dass Fehler zum Lernen dazugehören und auf scheinbar paradoxe Weise auch darauf hinweisen können, dass eine Regel der neuen Sprache erkannt wurde und somit sogar ein Fortschritt erzielt werden kann.*"[135]

Zusammenfassung

Kinder lernen anders als Erwachsene und Jugendliche nach der Pubertät. Ein Spracherwerb erfolgt in der fortschreitenden Auseinandersetzung des Kindes mit sich und seiner sprachlichen und nichtsprachlichen Umwelt und ist eng verbunden mit der kognitiven, sozialen und psychischen Entwicklung. Die Ergebnisse der behandelten Theorien von Piaget und anderen können in dem Konsens zusammengefasst werden, , dass eine genetische Disposition beim Sprachenlernen eine Rolle spielt. Über die Wichtigkeit dieser Rolle jedoch sowie über die Bedeutung der Umgebung besteht Uneinigkeit in der Forschung. Frühe Mehrsprachigkeit führt zu einer höheren sprachlichen Bewusstheit und zu einer größeren kognitiven Flexibilität.

Bis zu einem Alter von ca. acht Jahren sind die intellektuellen Kapazitäten zum Erwerb einer anderen Sprache vorrangig intuitiv-imitativ. Danach werden Sprachen – in Abhängigkeit vom erreichten kognitiven Entwicklungsstand und den bereits erworbenen Vorkenntnissen – eher analytisch-explizit gelernt. Die intuitiv-imitative Vorgehensweise, die dem Lernenden in der Regel selbst unbewusst bleibt, folgt den Prinzipien des Erstspracherwerbs: Aus dem Gehörten werden über den Prozess der stetig verifizierenden Hypothesenbildung Regeln abgeleitet, überprüft und den

---

[135] Vgl. Wappelshammer, Elisabeth u.a.: Fremdsprachen im Kindergarten. In: Kuhne, Norbert (Hg.), *Praxisbuch Sozialpädagogik. Arbeitsmaterialien und Methoden.* Bd. 6. Troisdorf 2008, S. 47ff.

Erfordernissen der Struktur der zu erwerbenden Sprache angepasst. Abstrakte explizite Regeln sind für Kinder bis zu einem gewissen Entwicklungsstand noch nicht zugänglich und je jünger die Kinder sind, desto mehr ähneln sich Erst- und Zweitspracherwerb, ohne jedoch identisch zu sein. Es werden also keine grammatischen Regeln auswendig gelernt und dann angewandt, sondern die Sprachstruktur wird aus dem Gehörten erschlossen.[136] Dabei übersteigt das Sprachverständnis die eigenen Möglichkeiten zur Sprachproduktion insbesondere in der Anfangszeit erheblich. So wird festgestellt, dass, je älter die Kinder werden, desto eher sind sie in der Lage, zwischen Sprache und Person und zwischen den Sprachen zu differenzieren, sie zu erfassen und sich anzueignen.

Die Achtung der pädagogischen Prinzipien sollen den Kindern in vielfältigen Erlebnis-, Spiel- und Handlungszusammenhängen die Möglichkeit geben, ihre Begeisterung, Leistungsfreude, Konzentrationsfähigkeit, Ausdauer und Selbstständigkeit zu entfalten, sowie sich selbst in ihrer eigenen Körperlichkeit zu erfahren.

Sprachenlernen ist ein individueller und aktiver Konstruktionsprozess, der durch die Interaktion zwischen dem Kind und seinem Umfeld ausgelöst wird. Je jünger ein Kind ist, desto größer ist die Wahrscheinlichkeit, dass es auf angeborene Erwerbsmechanismen zurückgreifen kann, die auch den Spracherwerb erfolgreich machen.

Kleinkinder haben keine Motivationsprobleme im Gegensatz zu anderen Spracherwerbstypen, z. B. dem Sprachenlernen im späteren Alter. Wenn die Bedingungen stimmen, haben Kinder Interesse am Kontakt mit ihrer Welt und sind in der Regel aufmerksame Zuhörer.

Bei jüngeren Kindern ist die Wahrscheinlichkeit gering, dass sie aufgrund fehlender Sprachkenntnisse von ihrer Umgebung gehänselt werden und von daher Ängste entwickeln, sich in einer Sprache zu äußern.

Der Alltag im Kindergarten, die Gegenstände und Ereignisse der neuen Umgebung geben den Wortschatz und die Äußerungen vor, die Kinder am schnellsten lernen

---

[136] Vgl. Workshop des Forum Bildung am 14.September: *Fremdsprachenerwerb –Wie früh und wie anders?* Berlin 2001, S. 14.

und verstehen sollen. Eine Sprache kann sich thematisch und problemlos an dem normalen Geschehen in den Einrichtungen orientieren.

Je früher der erste Kontakt mit einer weiteren Sprache hergestellt wird, desto mehr Zeit und Gelegenheit verbleibt bis zum Eintritt in die Schule für den Ausbau der Sprachkenntnisse, z. B. Kasus usw. Ein früher Sprachenbeginn ist langfristig die kostengünstigste Lösung, weil damit vorbeugend Probleme angegangen werden.
Sollte sich herausstellen, dass ein Kind nach mehreren Monaten in einer Kinder-einrichtung trotz intensiver Betreuung keine Erwerbsfortschritte (Muttersprache, Zweitsprache) erkennen lässt, so sollte frühzeitig logopädischen Rat eingeholt werden.

3 Institutionelle Möglichkeiten und deren Modelle am Beispiel Hamburgs.

„Alle Kinder in Deutschland, insbesondere die in urbanen Regionen wie Hamburg lebenden, werden in ihren Lebenswelten mit gesellschaftlicher Mehrsprachigkeit konfrontiert. In den Medien, auf der Straße, im Freundeskreis und in den Bildungsinstitutionen kommen sie mit verschiedenen Sprachen mehr oder weniger häufig und intensiv in Kontakt. [...] In Deutschland wird keine Statistik darüber geführt, welche Sprachen in der Bevölkerung gesprochen werden. Auch die Daten über Nationalitäten können diesen Informationsmangel nicht ausgleichen, denn die Nationalität sagt nichts über die Sprachen aus, die zuhause, in der Schule oder anderen Kontexten gesprochen werden. [...] Die meisten Kinder mit Migrationshintergrund wachsen in einer zwei- oder mehrsprachigen Konstellationen auf; es wird also neben der Herkunftssprache auch Deutsch verwendet. Türkisch ist mit deutlichem Abstand die zweithäufigste Sprache in Hamburg. Die Rangreihe der weiteren Sprachen wechselt, aber tendenziell sind Russisch und Sprachen aus der persischen Sprachenfamilie sowie Polnisch die nächsthäufig gesprochenen Sprachen.“[137]

Um ein Bild der frühkindlichen Mehrsprachigkeit in Hamburg zu zeichnen, werden Angebote in Kindergärten, Sprachschulen, privaten Initiativen und in EU-Projekten im folgenden Kapitel erwähnt. Ein vollständiger statistischer Gesamtüberblick ist

---

[137] Aktuelle und differenzierte Daten über die Hamburgische Bevölkerung mit Migrationshintergrund liegen nur in Bezug auf Ausländer, nicht aber über Doppelstaatler und eingebürgerte Personen ausländischer Herkunft (z. B. Spätaussiedler) vor. Am 30. Juni 2009 lebten laut Melderegister 1.778.120 Menschen in HH. 248.403 davon besaßen nicht die deutsche Staatsangehörigkeit [...]. Ende Dezember 2009 betrug die Anzahl der Ausländer an der Bevölkerung [...] 235.918 (rund 14%). 53.038 Personen (22,5%) besaßen dabei einen türkischen Pass. 20.027 Personen (8,5%) waren polnische Staatsangehörige, 12.987 Personen (5,5%) kamen aus Serbien und Montenegro und 11.951 Personen (5,1%) aus Afghanistan. Aus den Mitgliedstaaten der Europäischen Union stammte fast ein Drittel der [...] lebenden Ausländer. Insgesamt sind 179 Staatsangehörigkeiten in HH vertreten.

Die Verteilung der Bevölkerung mit ausländischer Staatsangehörigkeit unterscheidet sich in HH je nach Bezirk und Stadtteil. So leben die meisten Kinder im Alter zwischen 0 und sechs Jahren, die keinen deutschen Pass besitzen, in den Bezirken Mitte (2.046), Wandsbek (1.223) und Altona (1.032). In Harburg und Hamburg-Nord leben etwa gleich viele ausländische Kinder (766). Die wenigsten Kinder mit einer anderen Staatsangehörigkeit als der deutschen leben in Bergedorf (427) und Eimsbüttel (594). Dabei existieren weitere Unterschiede in den Hamburger Stadtteilen.

Es ist evident, dass diese Angaben die tatsächliche Zahl der Kinder und Jugendlichen mit Migrationshintergrund deutlich unterschätzen. Wird nämlich nicht das Pass Kriterium (= die Staatsangehörigkeit) zugrunde gelegt, sondern der Migrationshintergrund im Sinne von Geburtsort des Kindes selbst oder mindestens eines Elternteils [...], ergeben sich weitaus höhere Werte. So zeigen die Auswertungen des Mikrozensus 2008, dass 7,3 Mio. (8,9%) Menschen in Deutschland eine andere als die deutsche Staatsangehörigkeit besitzen, aber 15,6 Mio. (10,1%) einen Migrationshintergrund haben [...]. Es kann also davon ausgegangen werden, dass etwa doppelt so viele Menschen einen Migrationshintergrund besitzen wie es Menschen ohne deutschen Pass in der Bundesrepublik gibt; zitiert nach: *Diagnosegestützte durchgängige Sprachbildung an der Schnittstelle zwischen Elementar- und Primarbereich Expertise zum FörMig-Transfer Projekt.* Hamburg 2010, S. 6.

nicht möglich, da sich die Angebote ständig ändern und es dadurch immer wieder zu Änderungen in der Organisation kommt. Ein aktueller Überblick befindet sich daher im Anhang.

3.1 Die heutige Situation in Hamburg.

Grundsätzlich werden drei Konzepte für die frühkindliche Mehrsprachigkeit unterschieden, die sowohl im Vorschulbereich als auch im Primarbereich angewandt werden: die „Begegnung mit Sprache(n)", das „sprachbezogene Curriculum" und das „Lernen in zwei Sprachen", *„Die Formen und Gegenstände unterscheiden sich in allen drei Konzepten nur graduell; die Unterschiede sind wesentlich durch das extrem unterschiedliche Zeitbudget bedingt."*[138] Das Problem der großen (zeit-)budgetären Unterschiede trifft vor allem die Sprachenvermittlung in früher Kindheit, wo es in Deutschland noch an Gesamtkonzepten für die Ausbildung qualifizierter PädagogInnen und an einem einheitlichen Curriculum fehlt.

Die erste Möglichkeit, kleine Kinder gezielt in der Gruppe an eine weiteren Sprache heranzuführen und den natürlichen Zugang zu der Sprache möglichst früh, lange, intensiv, vielfältig und vor allem kindgerecht zu fördern, bietet sich durch den täglichen Umgang in der Kindertagesstätte (Kita) an. In der Konsequenz muss die intensive Beschäftigung mit der Sprache dann in der Grund- und weiterführender Schule fortgesetzt werden.

Manche Sprachschulen bieten ebenfalls Kurse an, die speziell auf die Lernbedürfnisse sehr junger LernerInnen abgestimmt sind. Beispielsweise kann der FMKS-Verein für Frühe Mehrsprachigkeit an Kindertageseinrichtungen und Schulen e.V. genannt werden. Auf dessen Seite http://www.fmks-online.de/ steht folgendes: *„Bis zum Ende der Kita sind die rezeptiven Fähigkeiten den produktiven beträchtlich voraus. Innerhalb von etwa 6 Wochen kann der Tagesablauf in der Kita schon in der neuen Sprache bewältigt werden. Besonders schnell werden formelähnliche Ausdrücke gelernt,*

---

[138] Christ, Herbert: Erwerb von Fremdsprachen im Vorschul- und Primarbereich. In: Bausch, Karl-Richard; Christ, Herbert; Krumm, Hans-Jürgen (Hg.): *Handbuch Fremdsprachenunterricht.* o. O, 2007, S. 451.

die häufig wiederkehrende ritualhafte Aktivitäten bezeichnen, etwa Grüßen, sich Verabschieden oder Aufforderungen, z. B. ruhig zu sein."[139]

In der Spiel- und Krabbelgruppe „LolliPops e.K."[140] lernen Ein- bis Zehnjährige über Lieder, Spiele und Bastelarbeiten die Sprache Englisch kennen. Der Schwerpunkt liegt auf der Arbeit mit allen Sinnen. Für Kinder im Alter von vier bis sechs Jahren, die bereits Kontakt mit der englischen Sprache hatten, wird der Kurs „Bubble Talk" angeboten. Durch Singen und bewegungsorientiertes Lernen soll das Kind die Sprache Englisch von Anfang an als Abenteuer und Herausforderung erleben. Hier sollen erste fremdsprachliche Wörter vermittelt werden. Der Fokus liegt auf der „Freude am Spracherwerb." Die Teilnehmerzahl ist auf vier bis acht Kinder beschränkt. Erfreulicherweise werden zudem noch andere angewandte Sprachen auf Nachfrage angeboten. Diese Kurse finden an mehreren Standorten statt.

Die Initiative KIKUS „Das Zentrum für kindliche Mehrsprachigkeit e.V" bietet Kurse an, in denen Deutsch für Kinder, die zu Hause eine andere Sprache sprechen, sowie Englisch, Spanisch, Italienisch und Russisch als Fremdsprachen, vermittelt werden. Edgardis Garlin, Gründerin von KIKUS und Obfrau des Vereins für kindliche Mehrsprachigkeit Austria, hat eigene Materialien entwickelt, die in allen Kursen der Welt verwendet werden und auch im Fachhandel erhältlich sind. Wichtigster Bestandteil dieser Materialien sind die KIKUS Bildkarten und die dazugehörigen Arbeitsblätter, die durch musikalische Behelfe und Bücher ergänzt werden.

Sicher gibt es außer Kindergärten und Sprachschulen noch unzählige andere Initiativen, in deren Rahmen Kindern schon vor Schuleintritt der Kontakt mit einer weiteren Sprache ermöglicht wird. Viele dieser Initiativen sind privat, sodass es schwierig ist, sie lückenlos zu dokumentieren und Qualitätsstandards nachhaltig zu sichern. Tagesmüttervereine, deren Ziel, laut Kursbeschreibung, ein positiver Erstkontakt mit einer Fremdsprache ist, sind im Internet zu finden. Die Kindersprachkurse finden mehrmals wöchentlich statt. Das zeitliche Limit dieser Kinderkurse wird allerdings von den Rahmenbedingungen bestimmt, wie etwa von den Öffnungszeiten und von den Arbeitszeiten der Eltern, anderen Freizeitaktivitäten, die mit dem Sprachkurs konkurrieren.

---

[139] http://www.fmks-online.de/; Stand 11.10.2012

[140] Grandweg 63, 22529 Hamburg.

Im Gesamt-Überblick des Bereichs der frühen Mehrsprachigkeit und Sprachförderung hat der Kindergarten als Bildungseinrichtung enorm an Bedeutung gewonnen. Im Idealfall bietet er allen Kindern die Chance, eine andere Sprache kennen zu lernen, unabhängig davon, aus welchem sozialen Milieu sie kommen und welche finanziellen Mittel den Eltern zur Verfügung stehen. Native Speaker oder mehrsprachige PädagogInnen, die Sprachen kontinuierlich vermitteln und auf die individuelle Lerngeschwindigkeit jedes einzelnen Kindes eingehen sowie originalsprachige Medien fördern die natürliche Sprachbegabung von Kleinkindern. Dies geschieht nicht unter Leistungsdruck, sondern durch spielerischen Kontakt mit der Sprache nach dem Prinzip der Freiwilligkeit. Bedenklich – markttechnisch allerdings logisch – ist, dass als Zielsprache in den meisten Kindereinrichtungen ausschließlich Englisch angeboten wird.

3.2 Wie die kindliche Mehrsprachigkeit gefördert wird.

Eine entscheidende Entwicklungsstufe bei mehrsprachigen Kindern ist der Schuleintritt. Die Schulsprache Deutsch beginnt zu dominieren und wird zur starken Sprache. Die Muttersprache tritt in den Hintergrund. Doch hier sehen viele Sprachexperten eine Gefahr: Die Verkümmerung einer Muttersprache kann zu Problemen im familiären Umfeld führen, z. B. durch Kommunikationsprobleme oder eine Distanzierung zur kulturellen und sprachlichen Herkunft. Auch für die Zukunft verlieren die Kinder so eine wichtige Grundlage: *„Zwei oder mehr Sprachen fließend sprechen zu können, das ist im heutigen Europa eine individuelle und gesellschaftliche Ressource. Je mehr Sprachen ein Kind spricht, desto mehr Zugänge zu den einzelnen Ländern eröffnen sich ihm.“*[141]

Infolge dessen werden mehrere Fördermaßnahmen und Konzepte für mehrsprachig aufwachsende Kinder umgesetzt. Parallel werden die enge Zusammenarbeit mit Eltern praktiziert und Sprachbarrieren abgebaut. Die gezielte Förderung der Sprachen soll die Berufs- und Zukunftsaussichten der jungen Bürger verbessern.

---

[141] Leist-Villis, Anja, zitiert nach: Hülsbusch, Ida: *Prüfungszeit mit Pflicht und Kür.* Carl-Humann-Gymnasium, Essen (Zeus Medienwelt); http://www.derwesten.de/zeusmedienwelten/zeus/fuer-schueler/zeus-regional/essen/pruefungszeit-mit-pflicht-und-kuer-id6598712.html; Stand 11.10.2012.

Jede Kindereinrichtung in Hamburg hat ihr eigenes Bildungskonzept herausgearbeitet und verwendet dementsprechend eines der Sprachfördermodelle. Die Ergebnisse der Recherche zeigen leider auf, dass die Theorie des Konzeptes und seine Praxis nicht immer übereinstimmend sind.

3.2.1 Einbeziehung der Eltern, Medien, Materialien und das Umfeld des Kindes

Laut Ernst Apeltauer trägt das Umfeld, in dem das Kind aufwächst, maßgeblich zu seiner allgemeinen und sprachlichen Entwicklung bei. Dies ist stark von elterlicher Zuwendung abhängig, der differenzierten Strukturierung des Umfeldes und der Möglichkeit der eigenen und selbsttätigen Auseinandersetzung mit Personen und Dingen der Umwelt. Dazu zählen: die Position des Kindes in der Geschwisterreihenfolge; die Größe der Familie; die Bildungsvoraussetzungen und Beschäftigungssituation der Eltern; das psychische Innenleben.

Die Größe der Familie kann eventuell eine fehlende Stimulation mit sich bringen, welcher das Kind nicht selbst abhelfen kann. Je größer die Familie ist, desto weniger Zeit ergibt sich grundsätzlich für das Kind. Der Beruf der Eltern kann das Sprachenlernen des Kindes einerseits beeinträchtigen, wenn z. B. regelmäßig ein neuer Job angenommen wird, oder wenn die Arbeitssituation der Eltern in einer anderen Weise unregelmäßig ist. Anderseits kann eine regelmäßige und ständige Betreuung positive Einwirkungen auf das Kind und sein Sprachenlernen haben. Nicht nur die Arbeitsverhältnisse der Eltern, sondern auch ihre (eventuell fehlende) Ausbildung sind bedeutsame Faktoren.[142]

Drorit Lengyel unterstützt Apeltauers Meinung mit den Worten „*Die Entwicklung eines Kindes wird also durch Effekte der Wechselbeziehungen von Subjekt und Umwelt beeinflusst. Das Kind als offenes und zugleich operational geschlossenes System konstruiert seinen dynamischen Entwicklungsprozess selbstregulativ und selbstorganisiert.*"[143]

---

[142] Vgl. Apeltauer, Ernst: *Grundlagen des Erst- und Fremdsprachsprachenerwerbs.* Universität Gesamthochschule Kassel 1997, S. 31.

[143] Lengyel, Drorit: *Zweitspracherwerb in der Kita. Eine integrative Sicht auf die sprachliche und kognitive Entwicklung mehrsprachiger Kinder.* Münster 2009, S. 14.

In der Regel haben Eltern den größten Anteil an der Welt eines Kindes und beeinflussen deswegen ebenfalls positiv oder negativ seine Entwicklung und Sprachenlernen. Die Interaktion zwischen dem Kind und dem Betreuer besteht aus einer gegenseitigen Kommunikation. Im Alter von 0-7 Jahren ist das Kind nur dazu imstande, etwas Handgreifliches zu verstehen, welches jeder Kommunikationspartner des Kindes berücksichtigen muss, wenn mit dem Kind gespielt oder kommuniziert wird. Es könnte bedeuten, nur die im Raum vorhandenen Spielsachen oder andere Objekte mit dem Kind zu besprechen oder über sie zu berichten.[144] Kinder brauchen also Eltern, die von Geburt an mit ihnen sprechen, singen und lachen; Dinge zeigen und benennen; Ereignisse erklären; Fragen geduldig beantworten; Ängste besprechen und trösten; Geschichten erzählen und vorlesen; Lieder singen und Spiele spielen; ermutigen und zuhören; die Welt erforschen und darüber sprechen.

In den Kindergärten wird ein gegenseitiges Kennenlernen vorgesehen. Darüber hinaus wird empfohlen, innerhalb eines Arbeitsjahres mindestens eine gemeinsame Beratung zwischen den Fachkräften des Kindertagesheimes und den Erziehungsberechtigten anzubieten. Es ist aber durchaus sinnvoll, die Eltern laufend durch Elternbriefe, Anschlagtafeln und spezielle Elternabende über Vorgehen und Zielsetzungen der frühen Sprachenvermittlung aufzuklären sowie über die Inhalte und Vermittlungsmethoden zu informieren. *„Schon gerade deswegen, weil eine behutsame, langsame Eingewöhnungsphase ohne sichtbare Lerneffekte sich nicht immer mit der Erwartungshaltung der Eltern decken könnte."* Nur, wenn den Eltern geholfen wird, dies realistisch nachvollziehen zu können, kann eine optimale Förderung der Kinder erreicht werden. *„Die Beteiligung der Eltern schafft eine ermutigende, unterstützende Umgebung auch außerhalb der Lerneinheiten im Kindergarten".* Die Kinder können den Eltern die gelernten Lieder und Geschichten in gelernter Sprache vorführen und so spielerisch wiederholen.

Verschiedene wissenschaftliche Untersuchungen zu Strategien, Vermittlungsmethoden und Materialien haben gezeigt, dass authentische, narrative Materialien im Zusammenhang mit einem interaktiven Ansatz die besten Lernergebnisse bei der Sprachenvermittlung für Kinder in früher Kindheit erzielten. Im Sprachlernprozess ist jenen Medien der Vorzug zu geben, die viele Lernmöglichkeiten bieten. Sie

---

[144] Vgl. Apeltauer, Ernst: *Grundlagen des Erst- und Fremdsprachsprachenerwerbs.* Universität Gesamthochschule Kassel 1997, S. 32f.

fordern das Kind zu intensiven Spielprozessen, zu Prozessen des Erkundens, Experimentierens und Entdeckens heraus.[145] Folglich sollen alle Lehr- und Lernmaterialien einen hohen Aufforderungscharakter haben, *„auf ganzheitliches Lernen zugeschnitten sein und die altersspezifischen Lernstrategien unterstützen und weiterentwickeln".* *Der Lernerfolg kann nur dann gesteigert werden, „wenn beispielsweise das Medium sinnvoll in den allgemeinen Lehr- und Lernprozess integriert wird."*[146]

Bei jedem Medieneinsatz ist darum zu hinterfragen, was man durch ihn erreichen möchte und welche Funktion das Medium im Lernangebot übernehmen soll. Außerdem ist natürlich zu überprüfen, ob die Medien für die jeweilige Zielgruppe geeignet sind: z. B. Tonträger, digitales Bildmaterial, Computer u. a. Die PädagogInnen sind im Umgang mit diesen Informationsquellen jedoch als Lernpartner unerlässlich. Viele Kinder kommen inzwischen bereits mit multimedialen Erfahrungen und Geräten in den Kindergarten. Nach Palme kann der Computereinsatz ein bereicherndes Zusatzangebot im Kindergarten sein, da der Kindergarten *„[...] ein ideales Umfeld für ein Medium [bietet], das nicht allein passiv zu konsumieren ist, sondern (Inter-) Aktionen fordert [...] Wer die Kinder verstehen und ihnen zeitgemäße Spiel- und Lernangebote bieten will, der kommt um die Auseinandersetzung mit den virtuellen Spiel- und Lernwelten nicht herum."*[147]

Der Computer kann hierbei eingesetzt werden, indem die Kinder selbstständig einzelne sprachliche Übungen auswählen und bei Bedarf wiederholen, sie sich selbst auf Mikrofon aufnehmen und anhören oder auf dem Bildschirm z. B. ein „Memory" spielen. Angemessen dosiert können sich die Kinder dadurch eigenständig und spielerisch mit verschiedenen sprachlichen Themen und Wortfeldern auseinandersetzen. So ist auf die Balance von Naturmaterialien, didaktischen Materialien und den Einsatz von neuen Medien hinzuweisen. Das Internet kann ebenfalls für die Vorbereitung des Sprachenangebotes im Kindergarten als umfangreiche Materialquelle für Lieder, Fingerspiele, Reime, Geschichten oder Bastelanleitungen genutzt werden. So wird es den pädagogischen Fachkräften ermöglicht, sich zur Thematik Sprachen-Frühbeginn autodidaktisch weiterzubilden.

---

[145] Vgl. Jantscher, Elisabeth: *Frühes Fremdsprachenlernen: Eine Bestandsaufnahme aus österreichischer Sicht.* Mit Beiträgen v. Dagmar Heindler. (Zentrum für Schulentwicklung. Report, Nr. 32) Graz 1998, S. 8f.

[146] Vgl. Huppertz, Norbert: *Der Lebensbezogene Ansatz im Kindergarten.* Freiburg 2003, S. 28f.

[147] Vgl. Palme H.-J.: *Computer im Kindergarten. Was Kinder am Computer spannend fanden und wie Erzieher damit umgehen können.* München 1999.

3.2.2 Submersionsmodell zur Förderung von Mehrsprachigkeit

Das Submersionsmodell ist weniger ein Modell als vielmehr eine Beschreibung der Situation der Kinder einer ethnischen Minorität, die mit der Sprache ihres Gastlandes überschwemmt werden.

Es werden folgende Kennzeichen von Submersion unterschieden:

- Kinder mit einer Erstsprache, die nicht die Einrichtungssprache ist, werden zusammen mit Kindern betreut, deren Erstsprache die Einrichtungssprache ist, d. h. unterschiedliche Kenntnisse in der Einrichtungssprache (z. B. Deutsch als Einrichtungssprache für Kinder nicht-deutscher Erstsprache in dem deutschen Kindergarten. Leider ist dies der Normalfall bei Migranten-kindern)
- Kurzschluss, der sich oft in der folgenden Konstellation ereignet: mangelnde Kompetenz in der Einrichtungssprache wird vielmals als Zeichen von be-grenzter intellektueller oder kindlicher Begabung gesehen (Migrantenkinder werden häufiger an Förderschulen verwiesen)
- Es herrschen andere kulturelle und sprachliche Erwartungen: Erzieher/innen sind mit Kultur und Sprache der Kinder oft nicht vertraut und dadurch kann die Kommunikation zum/r Erzieher/in unter Umständen beeinträchtigt bzw. belastet werden; so kann bei den Kindern Frust entstehen
- Defizitärer Blick: wenn die Kinder ihre Erstsprache gebrauchen, werden sie oft abgelehnt („bestraft"); ihre Versuche in L2 werden nicht belohnt; insge-samt erfolgt eher eine Konzentration auf ihren kommunikativen Misser-folg.[148]

In diesem Fall wird weder kindliche Sprache noch ihre Kultur beachtet. Das führt zu dem in der amerikanischen Literatur benannten „sink-or-swim-Programm", das die vollständige Assimilation der Minderheiten zum Ziel hat. Adelheid Sonner nennt folgende Konsequenzen des Programms:

- Kaum gefestigt in der eigenen Sprache ist dann auch das Lernen der neuen Sprache in Gefahr und somit ist, da Sprachfähigkeit die Grundlage des vor-schulischen Lernens ist, die Schullaufbahn gefährdet.

---

[148] Vgl. Wert und Bedeutung der Zweisprachigkeit für Kinder und Jugendliche nicht Deutsche Erst-sprache in Deutschland: http://www.forumbildungspolitik.de/download/vortrag_guadatiello__fo-rum_07_04_23.pdf; S. 2.

- Durch die fehlende Anerkennung der Identität des Kindes durch die Missachtung seiner Sprache ist das Selbstwertgefühl des Kindes gefährdet.[149] Dies erschwert zusätzlich den weiteren Werdegang des Kindes im Bildungssystem.[150]

Eine abgeschwächte Form des Submersionsmodells stellt die „kompensatorische" Erziehung dar, wobei die fehlende Zweitsprache durch zeitlich begrenzten Muttersprachenunterricht kompensiert wird, d.h., dass Inhalte zeitweilig in der Muttersprache vermittelt werden. Dies ändert aber nichts an der Intention, dass das wesentliche Ziel die Assimilation der Minderheit ist. Viele Kinder sind dieser Anforderung nicht gewachsen und gehen wortwörtlich unter. Obwohl es sich bei der Submersion um kein definiertes Konzept handelt und das Ziel der landessprachlichen Assimilation (also die sprachliche Anpassung) oftmals verfehlt wird, ist es die häufigste Integrationsform für Kinder und Jugendliche aus Einwandererfamilien. „Sie werden zwar auch ins deutsche "Sprachbad" eingetaucht, aber im Ergebnis ist dies vielfach ein "Untertauchen".

Es wird deutlich, dass die Einrichtungs- beziehungsweise Unterrichtsbedingungen doch nicht vergleichbar sind, man vor allem aber die Vergleiche nicht nur auf didak-

---

[149] Vgl. Sonner, Adelheid: Bilinguale, bilingual-bikulturelle und multikulturelle Erziehungsmodelle. In: Zweisprachigkeit im Kindergarten. Gemeinsame Förderung ausländischer und deutscher Kinder. Staatsinstitut für Frühpädagogik. Donauwörth 1985, S. 22.; zitiert nach: Caroll, Claudia: *Mehrsprachigkeit im Vorschulalter. Kriterien für die Förderung von Mehrsprachigkeit für Kinder in Vorschuleinrichtungen.* Hagen 2008, S. 175.

[150] Es geht um die Untersuchung von Skutnaab-Kangas und Toukomaa 1976, bei der 351 finnische Kinder, die keinen „Muttersprachenunterricht" erhielten: „Entsprechend den Ergebnissen empirischer Forschung haben diejenigen Immigrantenkinder, die im Alter von 5 bis 8 Jahren nach Schweden eingewandert sind, die schlechtesten Voraussetzungen für das Erlernen des Schwedischen. Die verbale Entwicklung dieser Kinder, die gerade zum Schulbeginn eingewandert sind, erlitt nach der Immigration einen schweren Schaden und beeinträchtigt zudem das Erlernen der Sprache. So bei den vor Schulbeginn Eingewanderten ist das Risiko des Semilingualismus am größten. In einer besseren Lage, befinden sich zumindest in den ersten Schuljahren, die vor dem Alter von 6 Jahren eingewanderten und die in Schweden geborenen Immigrantenkinder. Doch endet ihre schwedische Sprachentwicklung oft mit etwa 12 Jahren, offensichtlich wegen ihrer dürftigen Grundlagen in der Muttersprache [...] Auch in dieser Gruppe [...] ist Semilingualismus wahrscheinlich [...]. Am besten sind die Bedingungen für die Entwicklung guter Kenntnisse in der Muttersprache für die im Alter von etwa 10 Jahren eingewanderten. Ihre muttersprachlichen Fähigkeiten sind bereits bis zu einem abstrakten Niveau entwickelt. Daher erreichen sie in einer kurzen Zeit einen höheren Stand in der Beherrschung schwedischsprachiger Begriffe als diejenigen, die vor oder mit Schulbeginn umzogen und überholen bald sogar die Migrantenkinder, die in Schweden geboren wurden. Diejenigen, die mit etwa 12 Jahren eingewandert sind, haben ebenfalls die Voraussetzungen für Erlangung von Sprachkenntnissen, die denen der Schweden vergleichbar sind, wenn auch das Sprachenlernen langsamer stattfindet als bei denen, die zwei Jahre früher eingewanderten." Zitiert nach: Caroll, Claudia: *Mehrsprachigkeit im Vorschulalter. Kriterien für die Förderung von Mehrsprachigkeit für Kinder in Vorschuleinrichtungen.* Hagen 2008, S. 177.

tischer oder linguistischer Ebene anstellen kann. *„Immer wieder drängt sich die unterschiedliche sozio-ökonomische Situation der Kindergruppen, ihr gesellschaftliches Prestige und das Prestige ihrer Erstsprachen als ein gewichtiger Aspekt ihres völlig unterschiedlichen Abschneidens in der Vorschule in den Vordergrund.*"[151]

Deswegen unterstützen manche Forscher eine These, dass ein Kindergarten mit Erstsprachförderung wichtig für die gesamte Sprachentwicklung, gerade in Bezug auf die Zweitsprache des Kindes, ist. Allerdings zeigt es auch, dass die erstsprachliche Förderung kontinuierlich und gleichermaßen intensiv verfolgt werden muss, damit die Kinder wirklich erfolgreich und gefestigt ihre Erstsprache erlernen. Es ist allerdings anzumerken, dass heutzutage die Entstehung des Semilingualismus mit seinen „negativen" Auswirkungen umstritten ist.

3.2.3 Immersionsmodell

Laut Veronika Wenzel bedeutet Immersion das „Eintauchen" in eine andere Sprache, auch Sprachbad genannt. Ähnlich wie ein Kind in seine Muttersprache hineinwächst oder bei Migration in eine Zweitsprache 'eintaucht', indem es diese täglich um sich hat, so kann auch in einer mehr- bzw. zweisprachigen Einrichtung nach diesem Prinzip verfahren werden. Hierzu der zählt der one-person-one-language-Ansatz. Ähnlich wie in einer zweisprachigen Familie, spricht ein/e ErzieherIn in der Gruppe deutsch, der/die andere die zweite Sprache. Sie halten das konsequent in ihrer pädagogischen Arbeit bei und sorgen so für eine klare Sprachenzuordnung. Der Spracherwerb geschieht implizit beim täglichen Basteln, Musizieren, Malen, Spielen etc. Im Idealfall ist die zweite Sprache also ebenso deutlich anwesend wie die Muttersprache, der zeitliche Anteil und die inhaltlich-methodische Intensität der Sprachen sind ausgewogen.[152]

Ein etwas schwächerer Immersionsansatz ist das Raummodell. Einer der Räume der Einrichtung ist für die vermittelte Sprache besonders hergerichtet. Für bestimmte

---

[151] Vgl. Mehrsprachigkeit im multikulturellen Kinderleben Eine Tagungsdokumentation Projektheft 2. 1999. (Hg.) Deutsches Jugendinstitut DJI Projekt "Multikulturelles Kinderleben." München. http://www.dji.de/bibs/DJI_Multikulti_Heft2.pdf; Stand 31.10.2012, S. 31.

[152] Vgl. Wenzel, Veronika: *Der zweisprachige Kindergarten in der Euregio*. Westfälische Wilhelms-Universität Münster 2004, S. 14.

Stunden beschäftigen sich Kinder und eine Person, die dann nur die Zweitsprache benutzt, in diesem Raum. Im Unterschied zum obigen Modell geschieht das gruppenübergreifend. Der zeitliche Anteil, mit dem ein Kind Kontakt zur Zweitsprache hat, ist allerdings begrenzt.[153]

Generell werden folgende Kennzeichen von Immersion benannt:

- alle Kinder haben nur wenig oder gar keine Kompetenz in der Sprache, in der oder die sie betreut bzw. unterrichtet werden
- Die Erstsprache der Kinder wird nie abgelehnt oder als Ursache für Misserfolg der Kinder betrachtet; sie ist gleichwertig mit L2. So entwickelt sich die schulische und gesellschaftliche Anerkennung der Zweitsprache
- ErzieherIn ist vertraut mit der Sprache und Kultur der Kinder (=L1) und ist dadurch für ihre sprachlichen Bedürfnisse in der L2 empfänglicher, so genannte interkulturelle Kompetenz mehr- bzw. zweitsprachkundiger ErzieherInnen
- Kinder werden belohnt, wenn sie die L2 in der Gruppe gebrauchen[154]

Das Immersionsmodell ist hauptsächlich in Kanada verwendet worden und basiert auf einer Theorie des Sprachlernens, die auf den Neurologen Penfield zurückgeht und in erster Linie mit den Theorien Lennebergs in Verbindung gebracht wird.[155]

---

[153] Vgl. Huppertz, Norbert. 2002, zitiert nach: Wenzel, Veronika: *Der zweisprachiger Kindergarten in der Euregio*. Westfälische Wilhelms-Universität Münster 2004, S. 14.

[154] Vgl. Wert und Bedeutung der Zweisprachigkeit für Kinder und Jugendliche nicht Deutsche Erstsprache in Deutschland, http://www.forumbildungspolitik.de/download/vortrag_guadatiello_forum_07_04_23.pdf; S. 2.

[155] Im Jahr 1965 in Montreal wurden unter der Leitung von W. E. Lambert und G. R. Tucker zwei Kindergartengruppen gegründet, in denen die Kinder aus alteingesessenen anglophonen Familien ausschließlich in Französisch begleitet wurden. An den Kindergarten schloss sich in der Grundschule ein Unterricht an, in dem die Kinder von zweisprachigen Lehrern im Zweitsprache Französisch unterrichtet wurden, also „early total immersion" bezeichnet. Wesentlich bei diesem „Immersions-Programm" ist, dass die Erstsprache erst ab dem dritten Schuljahr unterrichtet wird und die Pflege der Erstsprache den Familien der Kinder und ihrer Umgebung obliegt. Außerdem wird die Zweitsprache, von Anfang an, die Sprache für alle Bereiche und wird nicht mit einer bestimmten Fremdsprachendidaktik eingeführt. Die Eltern, das Programm aus Sorge um die Chancen ihrer anglophonen Kinder in einer frankophonen Umgebung initierten, setzten die Schulverwaltung unter Druck, dass das Programm 1965 als Schulversuch gestartet wurde. Lambert und Tucker erklärten den Erfolg der Eltern damit, dass das angelsächsische Schulsystem anders als das deutsche Schulsystem aufgebaut sei. Im angelsächsischen Schulsystem gibt es Entscheidungsgremien, die „school-boards", die über die wesentlichen Angelegenheiten wie die Anstellung von Lehrkräften, Finanzierung, aber auch über die wesentlichen Aspekte der Unterrichtsgestaltung entscheiden. Die Mitglieder dieser „school-boards" sind keine Staats-bediensteten, sondern sie sind von der Bevölkerung direkt gewählt. Die Mitglieder sind Rechtsanwälte, Pastoren etc. und sind unabhängiger von Parteizwängen als in Deutschland", zitiert nach: Caroll, Claudia: *Mehrsprachigkeit im Vorschulalter. Kriterien für die Förderung von Mehrsprachigkeit für Kinder in Vorschuleinrichtungen*. Hagen 2008, S. 178.

Henning Wode weist allerdings darauf hin, dass das „Immersions- Programm" aber keine kanadische Erfindung sei, vermutlich sei es das älteste Verfahren zur Vermittlung von Fremdsprachen, denn schon in der Antike und im Mittelalter seien Griechisch bzw. Latein die Unterrichtssprachen gewesen und in den Ländern der dritten Welt werde heute zwangsläufig nach IM-Art verfahren.[156]

Das „Immersions –Programm" wird wie folg in Hamburg gegliedert:

- Wenn neben der Zweitsprache auch die Erstsprache als Einrichtungs- bzw. Unterrichtssprache verwendet wird, so wird dieser Typ als *„early partial immersion"* bezeichnet. Dieses Programm setzt auch früh ein und es wird halbtägig oder in einer entsprechenden Anzahl von Stunden/Fächern in der Erstsprache betreut/unterrichtet.[157]

- Eine weitere Form ist das „late immersion"-Programm, das erst in der 4. bis 8. Jahrgangsstufe beginnt.

Interessant ist allerdings die Frage, wie viele Sprachen gelernt werden können. Als mögliche Antwort werden zwei verschiedene Modelle des „immersion"-Programms betrachtet, nämlich die doppelte „immersion" und die reziproke „immersion". Bei der doppelten „immersion" handelt es sich um eine homogene Gruppe, die zwei ihnen nicht bekannte Sprachen lernen. Bei der reziproken „immersion", auch „two-way-immersion" genannt, ist die Gruppe sprachlich heterogen. Für ein Teil der Gruppe ist die L1 ihre L2, wie andersherum die L2 für diesen Teil der Gruppe die L1. Bei der „two-way-immersion" handelt es sich um Programme, die sich an Sprecher zweier Sprachgruppen richtet.[158]

---

[156] Vgl. Wode, Henning: Frühe Mehrsprachigkeit für Kinder. Chance oder Risiko? Vortrag in der Veranstaltung „Frühe Mehrsprachigkeit" am 5. September 1998, Aurich. In: *Sprache & Region, Schriftenreihe des Plattdütskbüros der Ostfriesischen Landschaft und des Vereins Oostfresske Taal* i. V., Heft 7, 1999, S. 58.

[157] Vgl. Stern, Claudia. 1978, S. 165. In: Graf, Ralf. 1987, zitiert nach: Caroll, Claudia: *Mehrsprachigkeit im Vorschulalter. Kriterien für die Förderung von Mehrsprachigkeit für Kinder in Vorschuleinrichtungen.* Hagen 2008, S. 175.

[158] Dieses Modell ist im Hamburger Schulversuch im Jahr 2000 an sechs Schulen, die jeweils eine bilinguale Klasse hatten, nach dem two-way-Prinzip durchgeführt worden. Fünfzig Prozent der Kinder waren einsprachig, d.h. sie besaßen keine Vorkenntnisse der Partnersprache. Die andere Hälfte der Kinder sollte lebensweltliche, aus der familiären Sprachpraxis stammende Kenntnisse der Partnersprache besitzen. Der Schriftspracherwerb war in beiden Sprachen von Anfang an Teil der Didaktik. Dazu gehörte auch, dass der Sachunterricht, nachdem er zunächst nur in Deutsch erfolgte, sukzessive in der Partnersprache unterrichtet werden sollte, um im vierten Schuljahr nur noch in der Partnersprache erteilt zu werden. Für Mathematik und die anderen Fächer war Deutsch als Unterrichtssprache geblieben. Gogolin und Roth nehmen bei der Auswertung ihrer Untersuchung Bezug auf die Tatsache, dass vor/schulische Bildung zur Reproduktion der Abhängigkeit des Erfolgs von der sozialen Her-

Der Ansatz des Immersionsmodells wurde von verschiedenen Forschern untersucht. Die Kinder waren nach diesem Modell nach mehreren Jahren in der Lage an dem Unterricht in der Zweitsprache so teilzunehmen, als wären sie in der Erstsprache unterrichtet worden. Allerdings erreichten die Fähigkeiten der Zweitsprache nicht das Niveau eines „Muttersprachlers", denn die Kinder gebrauchten eine einfachere Syntax als die „Muttersprachler."[159]

Veronika Wenzel noch einmal, dass das Verstehen die eigene Sprachproduktion erheblich im frühen Sprachenlernenganz ähnlich wie beim Muttersprachenerwerb übersteigt. Beobachtungen in zweisprachig arbeitenden Kindergärten zeigen, dass bereits nach wenigen Wochen, deutsche Kinder die meisten englischen Äußerungen in ihrer Umgebung detailgenau verstehen. Die passiven Englischkenntnisse, die sie nach dreijährigem Besuch eines zweisprachigen Kindergartens erwerben, entsprechen ohne weiteres denen ihrer anderssprachigen Altersgenossen in Hamburg. Zu erwarten sind auch Bereicherungen auf kognitivem und interkulturellem Niveau. Diese bilden langfristig einen besondereren Mehrwert mehrsprachiger Erziehung und werden als grundlegende Fähigkeiten für weiteres Sprachenlernen gesehen. [160]

Die Immersionmethode hat sich in Hamburg überwiegend durchgesetzt und wird als die effektivste Methode der Sprachförderung betrachtet. Immersionangebotsansätze unterscheiden sich vor allem durch ihren Vermittlungscharakter. Zielgerichtete Aktivitäten sorgen für eine intensive Beschäftigung mit der Sprache. Es werden Lieder gesungen, Fingerspiele gemacht oder projektähnlich ein interkulturelles

kunft führt. Sie werten die ihnen vorliegenden Sprachproben aus den bilingualen Modellen nach spezifischen Phänomen aus, der so genannten „Bildungssprache" zuordnen wird. Die Definition von „Bildungssprache" orientiert sich nach Gogolin/Roth an Cummins, der die bildungsrelevante Sprache der Schule auf mentale Leistungen, den *Cognitive Academic Language Proficiency*" zurückführt. Die Überprüfung, ob eine Abhängigkeit zwischen dem Sprachmodus der Kinder und dem Bildungsgrad und einer damit verbundenen Sprachpraxis im Elternhaus besteht, ergab, dass es weder einen Zusammenhang mit dem Bildungshintergrund noch mit dem sozioökonomischen Status der Eltern gab. Gogolin und Roth sehen die Unterschiede in der Zweisprachigkeit begründet, denn nach der Untersuchung hatten einsprachige deutsche Kinder gegenüber denjenigen Kindern, die Deutsch als zweite Sprache erst bei Schuleintritt erwarben, auch nach vier Jahren bilingualen Unterricht noch einen deutlichen Vorteil. Dieser Vorteil wird aber, folgt man den bereits ausgeführten Untersuchungen, durch konsequent weitergeführten, bilingualen Unterricht ausgeglichen. In: Caroll, Claudia: *Mehrsprachigkeit im Vorschulalter. Kriterien für die Förderung von Mehrsprachigkeit für Kinder in Vorschuleinrichtungen.* Hagen 2008, S. 181.

[159] Vgl. Lambert, Wallace. E u.a. 1974, S. 51. In: Caroll, Claudia: *Mehrsprachigkeit im Vorschulalter. Kriterien für die Förderung von Mehrsprachigkeit für Kinder in Vorschuleinrichtungen.* Hagen 2008, S. 184.

[160] Vgl. Sarter, Heidemarie. 2001, S. 10-23; zitiert nach: Wenzel, Veronika: *Der zweisprachige Kindergarten in der Euregio.* Westfälische Wilhelms-Universität Münster 2004, S. 14.

Thema behandelt und dabei anteilig oder nur die Zweitsprache benutzt. Je nach Anzahl der Erzieher/innen, die die Sprache beherrschen, kann das gruppenorientiert oder gruppenübergreifend geschehen.[161] In der Hamburger Praxis ist die Mehr- bzw. Zweisprachigkeit in der Gruppe leider oft noch begrenzt, zeitlich nicht ausgewogen und die Sprachen-Personen-Zuordnung nicht konstant. Externe Angebote werden von Fachkräften 'von Außen' durchgeführt. Das kann ein Elternteil, eine Aushilfe sein, die mit den Kindern sprachliche Aktivitäten durchführt. Vorteilhaft ist, wenn Muttersprachler gewonnen werden, über die die Einrichtung selbst nicht verfügt. Ein großer Nachteil sind leider weiterhin zeitliche, finanzielle und pädagogisch-qualitative Begrenzungen.

Ein „Eintauchen" ist vor allem, wenn das Kind außerhalb der Einrichtung die Sprache nicht hört, erfolgversprechender für das Sprachenlernen. Das Kind lernt dadurch ähnlich wie beim Muttersprachenerwerb: Es baut sich selber sein Regel- und Bedeutungssystem Stück für Stück auf. Fehler und Sprachmischung sind natürliche und notwendige Entwicklungsschritte. Es entspricht der Lernweise des Kindes, dass Sprache nicht als Selbstzweck gelernt wird. Sprache wird im Immersionsansatz täglich als Kommunikationsmittel und als soziales Bindeglied zwischen Menschen erfahren. Die 'andere' Sprache ist gleichwertig mit der Muttersprache, sie transportiert die Freuden, Sorgen, Bedürfnisse und Persönlichkeit der Sprecher. Durch sie werden Bindungen zu Mitmenschen aufgebaut. Immersionsansätze entsprechen diesem natürlichen Erwerbsprozess am ehesten. Dazu müssen sie längerfristig angelegt sein und klar über ein zeitlich begrenztes Projekt hinausgehen.[162]

3.2.4 Bilinguale, bilingual-bikulturelle und Multikulturelle Modelle

Bilinguale und bilingual-bikulturelle Modelle sind ebenfalls in Hamburg zu finden und werden häufig in den Stadtteilen angeboten, in denen eine biglossische Situation zwischen einer national dominanten und einer stadtteilregionalen Mehrheitssprache besteht. Diese so genannten Sprach-Schutz-Programme sind für Minoritäten gedacht, die ihre Erstsprache bewahren sollen beziehungsweise möchten. Die Erstsprache

---

[161] Vgl. Wenzel, Veronika: *Der zweisprachige Kindergarten in der Euregio.* Westfälische Wilhelms-Universität Münster 2004, S. 14.

[162] Vgl. Wode, Hennig; u.a. 1999; zitiert nach: Wenzel, Veronika: *Der zweisprachige Kindergarten in der Euregio.* Westfälische Wilhelms-Universität Münster 2004, S. 15

wird auch dort von erstsprachlichen Erziehern/innen, die auch die Zweitsprache sprechen, unterrichtet. Im Gegensatz zu den kompensatorischen Programmen werden die Erstsprachen der Minoritäten nicht als minderwertig, sondern als zu schätzendes Gut betrachtet.

Bilinguale Modelle haben nach Adelheid Sonner zwei verschiedene Ausgangspunkte:

- die Annahme, dass die Erstsprache eine grundlegende Bedingung für den erfolgreichen Zweitspracherwerb, also der im Bildungssystem verwendeten Sprache, ist.
- das Akzeptieren und Achten der sprachlichen Identität des Kindes ist ein ethisches und psychologisches Postulat.[163]

Praktisch bedeutet das für den Elementarbereich, dass ausländische und deutsche Kinder in einer Gruppe sind und die ausländischen Kinder von „muttersprachlichen Erziehern" in ihrer Erstsprache begleitet werden. Durch die zeitweilige oder dauerhafte Trennung von den übrigen Kindern soll ein Erhalt der Sprache gewährleistet werden. Ähnliche Ziele können „Transitionale bilinguale Erziehungsprogramme" haben. Sie wenden sich an Sprachminderheiten. Dabei wird zwischen „early-exit" und „late-exit" Programmen unterschieden. TBE-Programme werden oft als „Early-Bilingual-Education" eingeordnet, während „Heritage-Language" und „Maintance-Programme" als „Late-Exit-Bilingual-education" eingeordnet werden. Die „Early-exit-Programme" sind oft extrinsisch motiviert, d.h. die Kinder sollen in einer möglichst kurzen Zeit, z.B. in der Umgebung in der Vorschule, zum Mainstream hin gefördert werden. „Late-exit-Programme" sind auch intrinsisch motiviert, d.h. die Erstsprache wird als förderungswürdig und als Voraussetzung zum Erwerb weiterer Sprachen anerkannt.

Kinder und Jugendliche mit einer anderen kulturellen Herkunft werden im Alltag besonders häufig auf ihre Herkunft angesprochen, was ihr Bewusstsein für ethnisch-kulturelle Differenz schärft und die Bildung einer ethnischen Identität forciert. Andererseits stellt die Begegnung mit einer anderen Kultur auch eine beständige Relativie-

---

[163] Vgl. Sonner, Adelheid: Bilinguale, bilingual-bikulturelle und multikulturelle Erziehungsmodelle. In: *Zweisprachigkeit im Kindergarten. Gemeinsame Förderung ausländischer und deutscher Kinder*. Staatsinstitut für Frühpädagogik. Donauwörth 1985, S. 24.

rung der eigenkulturellen Verhaltens- und normativer Standards dar. Der bikulturell Sozialisierte, der einerseits Insiderwissen über beide Kulturen besitzt, andererseits auch die Skepsis der Mehrheitsgesellschaft gegenüber Minderheiten am eigenen Leibe kennt, kann durch seine außergewöhnliche Position zu einem kompetenten Kritiker und Beurteiler der dominanten oder auch der eigenen Kultur werden. Die Migrationssituation wird dann dazu führen, unreflektierte Gewohnheiten und Bindungen abzustreifen, und Anstoß geben für eine bewusste und individuelle Lebensgestaltung. Eine flexible Identität, so lässt sich das Paradoxon resümieren, ist sowohl Voraussetzung, um bikulturelle Erfahrung als Entwicklungschance zu nutzen, als auch erst Folgeprodukt einer gelingenden Migration und Integration. Denn diese Identität setzt eine ausreichende Ich-Stärke voraus, die es erlaubt, ohne Angst vor Identitätsverlust und Überwältigung durch Schuldgefühle (wie etwa Verrat an der alten Heimat, Verrat an elterlichen Werten) das Neue anzunehmen, sich den gewandelten Anforderungen zu stellen und in einem offenen Dialog mit der Herkunfts- und der neuen Kultur stehen zu können.[164]

Das Sprachband-Prinzip und die Zuordnung der Sprachen zur Person, sind in ganz besonderer Weise dazu geeignet, bilingualen Gruppen gerecht zu werden. Kinder beider Gruppen finden muttersprachliche Ansprechpartner, denen sie sich in der Einstiegsphase unbefangener in ihrer dominanten Sprache anvertrauen können. Beide Gruppen lernen die jeweils neue Sprache mit ähnlichen Methoden, z. B. die Immersion. Wird ein Kind außerhalb des Elternhauses in einer bilingualen Kindertagesstätte zweisprachig erzogen, muss eine ganz eigene Problematik Berücksichtigung finden.

Multikulturelle Modelle gab es nach Sonner für ethnische Minderheiten meistens in den USA. Die Programme erinnern an kompensatorische Programme, da auf die Kultur des Kindes wohlwollend eingegangen wird, um die Anpassung an die herrschende Kultur zu erleichtern; letztendlich wird der Kultur der Minderheiten jedoch kein zu erhaltender Wert zugeschrieben. Eine Gefahr liegt für Sonner in der Überbetonung der Differenz, insbesondere bei den Lerninhalten der Majorität, da dadurch der Erhalt bestehender Überlegenheits- und Unterlegenheitsordnungen gefördert würde. Als Gegenpol dieser Assimilationsprogramme gibt es noch Programme als

---

[164] Vgl. Ardjomandi; Streeck. 1998; zitiert nach: Haci-Halil, Uslucan, Helmut-Schmidt-Universität Hamburg: *Bikulturalität als Chance für Familien und Kinder?* o. J, S. 2.

multikulturelle Modelle, die als Grundlage eine Anerkennung des kulturellen Pluralismus haben. Als Ziel gilt: *„Gemeinsamkeiten erkennen, Unterschiede erklären und akzeptieren lernen, dadurch Abbau von Vorurteilen und Förderung von Freundschaften zwischen ausländischen und deutschen Kindern; Sprachförderung durch taugliches Zusammenleben in einer stabilen Gruppe: Kinder helfen Kindern (festes Bezugssystem, emotionale Sicherheit); kein Sprachtraining.*"[165]

Zusammenfassung

Bildung und bestmögliche Förderung aller Kinder schaffen Chancengerechtigkeit. Insbesondere in den frühen Jahren sind Kinder mit Migrationshintergrund und Kinder aus einkommensschwachen Haushalten in Hamburger Kindereirichtungen unterrepräsentiert.

Für eine gelungene Integration und späteren Erfolg in der Schule ist es für ein Kind wichtig, die deutsche Sprache gut zu beherrschen. Der Kontakt mit deutschsprachigen Erwachsenen und Kindern unterstützt diesen Prozess. In Hamburger Kindereinrichtungen wird *„die Sprache gezielt mit Spielen gelernt, mit Gesprächen, mit Liedern und Versen, mit Bilderbüchern und Geschichten gefördert. Zu Beginn, wenn das Kind der deutschen Sprache noch nicht mächtig ist, wird es im*
Kindergarten vielleicht Freunde suchen, die zu Hause dieselbe Sprache sprechen.
Das wird dem Kind helfen, sich einzugewöhnen und sich wohl zu fühlen. Im Laufe der Zeit wird es auch deutsche Freunde finden."[166]

Allerdings hat jedes Kind nicht nur das Recht, seine Muttersprache in der Familie und im privaten Umfeld zu gebrauchen, sondern die Anerkennung und keine Unterdrückung der Sprache ist ein wichtiger psychologischer Faktor für Kinder mit Migrationshintergrund. Wenn Kinder erkennen, dass derselbe Gegenstand unterschiedlich bezeichnet werden kann, entwickelt sich ihr Bewusstsein für Sprache und sprachliche

---

[165] Preissing, Christina; zitiert nach: Sonner, Adelheid. 1985 S. 26. In: Carol, Claudia: *Mehrsprachigkeit im Vorschulalter. Kriterien für die Förderung von Mehrsprachigkeit für Kinder in Vorschuleinrichtungen.* Köln 2008, S. 191.

[166] Michaela, Ulich; In: *Elternbrief Deutsch. Wie lernt mein Kind 2 Sprachen, Deutsch und die Familiensprache?* Staatsinstitut für Frühpädagogik. München, S. 1. http://www.ifp.bayern.de/imperia/md/content/stmas/ifp/elternbriefdeutsch.pdf; Stand 8.11.2012

Phänomene weiter. Die Begegnung mit unterschiedlichen Sprachen und Schriften fördert nicht nur das metasprachliche Bewusstsein und das Weltwissen von Kindern, sondern vermittelt ebenfalls Respekt für die Gleichwertigkeit von Sprachen und den kompetenten Umgang mit Situationen, die von sprachlicher Vielfalt geprägt sind. Die wertschätzende Präsenz und Bestärkung ihrer Familiensprachen macht es ihnen leichter, sich der Kindereinrichtung zugehörig zu fühlen und sich aktiv zu beteiligen.[167] Eltern mit einer anderen Herkunftssprache tragen enorm dazu bei, indem sie ihre Herkunftssprache sprechen, lebendig erhalten und pflegen. Sind die Kompetenzen des Kindes in der Familiensprache altersgemäß entwickelt, verfügt es über gute Voraussetzungen für das Erlernen einer Zweitsprache wie z. B. Deutsch.

Muttersprachliche Förderung liegt im Interesse der Gesellschaft, da von der Sprachenvielfalt nicht zuletzt der Wissenstransfer, der Tourismus und die Wirtschaftsbeziehungen profitieren. Zahlreiche internationale Unternehmen und Organisationen sehen zwei- und mehrsprachiges Personal als wichtigen Standortfaktor.[168]

Die Pädagogische Qualität variiert enorm zwischen den Hamburger Kindereinrichtungen und ist ebenfalls im Durchschnitt, gemessen an international anerkannten

---

[167] Vgl. *Hamburger Bildungsempfehlungen für die Bildung und Erziehung von Kindern in Tageseinrichtungen.* Hamburg 2012, S. 68.

[168] Wie Ergebnisse aus der Hirnforschung zeigen, sind mehrsprachige Individuen Einsprachigen überlegen: Sie können die weiteren Sprachen an die bereits vorhandenen Sprachen "andocken". Darüber hinaus besitzen Mehrsprachige noch andere Fähigkeiten, die ihnen das Lernen weiterer Sprachen erleichtern:

- das metasprachliche Wissen weist die Fähigkeit bessere Wortgrenzen festzustellen und grammatische Regeln zu verstehen auf.

- Strategien wie Paraphrasieren, Codeswitching und *Foreignizing* (d. h. Anpassung eines Wortes an vermeintliche Regeln der Zielsprache)

- Lernende einer dritten Sprache gehen selbstsicherer an einen Text heran, schauen gezielt nach vertrauten Strukturen und Wörtern.

Diese Fertigkeiten sind grundsätzlich bei allen Lernern vorhanden, die sich eine weitere Sprache aneignen, sind aber bei Früh-Mehrsprachigen besonders ausgeprägt. Mehrsprachige haben eine differenziertere Sicht auf die Welt. Sie lernen durch die Brille der anderen Sprache andere Sichtweisen kennen und sind daher flexibler im Handeln. Beispielsweise drücken manche Sprachen ein und denselben Sachverhalt ganz verschieden aus. *„So sagt man etwa, wenn man vom Regen durchnässt ist, auf Italienisch sono tutta bagnata 'ich bin ganz gebadet'. Oder es gibt viele Redensarten, die kulturelle Vorstellungen wiedergeben: Im Deutschen ist die Galle vor allem ein Sitz von Wut. Man sagt: mir läuft die Galle über, mir kommt die Galle hoch. Im Türkischen ist damit vor allem Hunger verbunden. Man sagt safra bastirmak ('Galle drücken'), dies bedeutet in etwa: 'ein bisschen etwas essen, um den Hunger zu unterdrücken."* Über diesen Vorteil verfügen alle Mehrsprachigen, ebenfalls diejenigen die die zweite Sprache später erworben haben. Doch ist es erforderlich, über ausreichende Kompetenzen in den jeweiligen Sprachen zu verfügen, um sich deren Denkwelten zu Eigen machen zu können: Heringer, Hans Jürgen: Interkulturelle Kommunikation. Grundlagen und Konzepte. Tübingen 2004, S. 180; zitiert nach: Riehl, Claudia Maria: *Mehrsprachigkeit: Grundlagen, Vorteile und didaktische Konsequenzen.* Universität zu Köln. o. O, o. J, S. 5.

Standards, in „mehrsprachigen" Bereichen verbesserungsbedürftig. Benötigt werden besser ausgebildetes und besser bezahltes Personal sowie systematische Qualitäts-entwicklungsprogramme für mehrsprachige Einrichtungen, verbunden mit einer Qualitätsüberprüfung.

4 Empfehlungen und Hinweise für Eltern mehrsprachig aufwachsender Kinder.

„Sprache ist ein Schatz, wenn Ihr Kind zwei Sprachen spricht und sich später gut ausdrücken kann, dann hat es einen Schatz, der ihm im Leben und im Beruf weiter helfen wird. Diesen Schatz kann ihm niemand wegnehmen."[169]

Es ist deutlich, dass das Bildungsangebot bzw. Bildungswesen in Hamburg noch nicht in ausreichendem Maße dazu in der Lage ist, die Unterschiedlichkeit der Kinder im Hinblick auf ihre soziale, kulturelle und sprachliche Lage angemessen zu berücksichtigen. Es wird allerdings daran aktiv gearbeitet.

Die Internetseite www.hamburg.de informiert über Bildungsangebote und Projekte zur Frühförderung. Außerdem werden in jeder Hamburger Kinderpraxis, Kindergarten und anderen Kindereinrichtung Informationen bzw. Broschüren als Beihilfe für die Eltern angeboten. Sie enthalten das wichtigste Spektrum des Themas Mehrsprachigkeit in früher Kindheit als auch belegte Forschungen[170] auf diesem Gebiet, sowie weitere Kontaktdaten der Ansprechpartner.

Im Folgenden werden wichtige Empfehlungen für den erfolgreichen Umgang mit parallelem Sprachenlernen zusammengeführt und mit Erklärungen versehen.

4.1 linguistische Empfehlungen

Grundsätzlich ist es für die zukünftigen mehrsprachigen Schulkinder in den Kindertageseinrichtungen gewinnbringend, wenn Eltern[171], sozialpädagogische Fachkräfte in Kindertageseinrichtungen und vor der Einschulung Grundschullehrkräfte multiprofessionell zusammenarbeiten und ihre besonderen Kompetenzen einbringen.

---

[169] Michaela, Ulich; In: *Elternbrief Deutsch. Wie lernt mein Kind 2 Sprachen, Deutsch und die Familiensprache?* Staatsinstitut für Frühpädagogik. München, S. 1. http://www.ifp.bayern.de/imperia/md/content/stmas/ifp/elternbriefdeutsch.pdf; Stand 8.11.2012.

[170] *Professor Jürgen Meisel von Zentrum für Mehrsprachigkeit Hamburg beschäftigt sich seit Jahrzehnten mit dem kindlichen Mehrsprachenerwerb. [...] Die menschliche Sprachfähigkeit [...] sei eine Anlage zur Mehrsprachigkeit. Forschungsergebnisse belegen, dass bereits bilingual aufwachsende Zwillinge wüssten, über zwei Sprachsysteme zu verfügen. Sie belegen zudem, dass die Kinder ohne Probleme von der einen in die andere Sprache wechseln und beim Sprechen nicht mehr Fehler machen als Kinder, die monolingual aufwachsen. Das zeigt etwa die Studie Zum Spracheneinfluss im bilingualen Erstspracherwerb: Italienisch-Deutsch, bei der Professor Natascha Müller.* Zitiert nach: Mehrsprachigkeit-Sprachen ohne Grenzen- Mehrsprachigkeit und Bildung; www.goehte.de/ges/spa/prj/sog

[171] „Die Information und Einbindung der Eltern hat hier einen besonderen und basisbildenden Stellenwert, z. B. die Möglichkeit zur Hospitation." Young, Irina. 2012

Die von Kindern verwendete und entwickelte Alltagssprache in der Kindertageseinrichtung folgt nun den Regeln der Mündlichkeit. Die zukünftig in der Schule gefor-
derte sogenannte Bildungssprache orientiert sich zunehmend an den Regeln des
Schriftsprachgebrauchs.[172]

Um mehrsprachig, sprachförderlich und sprachbildend tätig werden zu können, sind
insbesondere nachfolgend aufgeführte linguistische Haltungen, Methoden und Techniken geeignet:

Sprachförderliche Haltungen

Die Fach- und Lehrkräfte:

- achten bei ihrem sprachlichen Handeln auf Richtigkeit und Präzisierung. Sie
  bieten unterschiedliche Formulierungen eines Sachverhalts zum besseren
  Verständnis an. Sie geben Formulierungshilfen und binden Fachbegriffe ein.
- sind sprachliches Vorbild in ihrer Sprechweise und Sprechgeschwindigkeit.
- sind in der Lage, ihre Sprachanteile zu regulieren und sich zurückzunehmen,
  um dem Kind Raum für seine sprachlichen Aktivitäten zu geben. Der Sprach-
  anteil der Kinder sollte über dem der Lehrkraft liegen (Verwendung von offenen Fragen und Impulsen, seltener W-Fragen).[173]
- bauen eine vertrauensvolle Beziehung zum Kind als unverzichtbare Bedingung für Lernbereitschaft und Lernvermögen auf. Sie zeigen Interesse an seinen Themen und drücken Wertschätzung aus.[174]

---

[172] Vgl. *Empfehlung. Sprachförderung als Teil der Sprachbildung im Jahr vor der Einschulung durch Grundschullehrkräfte.* Hannover 2012, S. 36.

[173] Impulse bzw. W-Fragen - je nach angestrebter sprachlicher Aktivität - stellen: Während Impulse umfangreichere Antworten herausfordern („Auf dem Bild sind Tiere. Zeig sie mal und erzähle darüber!"), sind W-Fragen meistens eng gefasst und erfordern nur kurze Antworten: „Welche Tiere siehst du?" „Hunde und Katzen.", zitiert nach: *Empfehlung. Sprachförderung als Teil der Sprachbildung im Jahr vor der Einschulung durch Grundschullehrkräfte.* Hannover 2012, S. 40.

[174] Vgl. *Empfehlung. Sprachförderung als Teil der Sprachbildung im Jahr vor der Einschulung durch Grundschullehrkräfte.* Hannover 2012, S. 39f.

Sprachförderliche Methoden

Die Fach- und Lehrkräfte:

- bieten reichhaltige, variationsreiche sprachliche Anregungen und nutzen auch das Verfahren „lautes Denken". Hierbei formulieren sie eigene Überlegungen zu einem Thema, um das Kind an seinen Gedankengängen teilhaben zu lassen.
- fordern komplexere Sprachhandlungen heraus und bewirken dadurch einen hohen Sprechanteil der Kinder.
- nutzen kooperative Lernformen, um die Kommunikation der Kinder untereinander anzuregen.
- unterstützen das Sprechen der Kinder durch Ermutigung, durch Umformulieren und Nachfragen (Micro-Scaffolding), das sog. „dialogische Lernen".
- nutzen das dialogische Vorlesen und die Vorstufe „Erzählen" als Vorstufe zum Textverstehen.

Das Erzählen gilt als Startfunktion beim Aufbau sprachlicher Fähigkeiten und als kontextunabhängige Sprachverwendung. Die Motivation zum Zuhören wird durch die Modulation der Stimme, durch passende Mimik und Gestik verstärkt. Auch der Einsatz von Handpuppen kann beim Erzählen hilfreich sein. Sie ermöglichen sprachliches Probehandeln. Erst im zweiten Schritt kommt das Vorlesen zum Tragen. Die anfängliche Einbettung des Vorlesens in Dialoge und eine sukzessive Steigerung der Textumfänge sind notwendige Unterstützungen zum Textverstehen.

- nutzen Aktivitäten in verschiedenen Bereichen. Neben dem Erzählen und Vorlesen, in Einzel- und Gruppengesprächen, ist es motivierend, sprachbegleitend zu basteln, zu spielen, zu musizieren, zu experimentieren, zu turnen usw. Alle Themen der Erfahrungs- und Lernbereiche bieten hier sprachförderliche Anlässe.
- beziehen die Mehrsprachigkeit ein.

Bedeutsam ist die Wertschätzung der Mehrsprachigkeit. Die Herkunftssprachen sollten genutzt und nicht stillschweigend übergangen werden. Die Mehrsprachigkeit kann einbezogen werden, indem die Kinder ermuntert werden, ihre herkunftssprachlichen Kenntnisse einzubringen, z. B. in sog. mehrsprachigen Murmelrunden oder durch einen direkten Sprachenvergleich.[175]

Sprachförderliche Techniken

Die Fach- und Lehrkräfte:

- üben ein indirektes Korrekturverhalten, z. B. durch wiederholendes Nachfragen/ Alternativfragen, durch Vervollständigen oder Verändern der kindlichen Äußerung unter Einbettung des zu lernenden Sprachinhalts.
- nutzen das Konzept von „scaffolding"[176]

Scaffolding bedeutet, Gerüste zu bauen, um von dem umgangssprachlichen, handlungsbegleitenden Sprechen zu bildungssprachlicher Textkompetenz zu gelangen. Die Fach- und Lehrkräfte stellen die notwendigen sprachlichen Mittel (Wortschatz und Sprachstrukturen) zur Verfügung, ziehen sich dann Schritt für Schritt zurück und ermöglichen den Kindern so die Entwicklung von der kontextgebundenen zur kontextreduzierten Sprache. In der Regel werden folgende Schritte berücksichtigt:

1. Kinder tauschen sich mündlich über eine Sache aus (Alltagssprache).

2. Alltagssprachlich formulierte Beobachtungen werden durch die Fach- und Lehrkraft um fachsprachliche Begriffe ergänzt.

3. Kinder berichten anderen von der Sache und benutzen dabei zunehmend fachsprachliche Begriffe. In der Grundschule werden diese Schritte durch einen vierten Schritt erweitert

---

[175] Vgl. *Empfehlung. Sprachförderung als Teil der Sprachbildung im Jahr vor der Einschulung durch Grundschullehrkräfte.* Hannover 2012, S. 39f.

[176] *z. B., wie das Konzept des scaffolding und das Stellen von Reformulierungsaufgaben umgesetzt werden kann:*

a) Kinder beobachten, dass ein Spiegel beschlägt, wenn er angehaucht wird. Sie beschreiben das Phänomen zunächst mit eigenen Worten: „Er wird dunkel. Er sieht neblig aus."

b) Im Verlauf des Gesprächs nennt entweder ein Kind von sich aus den Begriff, oder er wird durch die Lehrkraft eingeführt: „Schau mal, der Spiegel beschlägt. Da kann man mit dem Finger auf dem Spiegel malen. Weißt du, warum?"

c) In der Folgezeit wird der neu erworbene Begriff häufiger wiederholt und immer wieder benutzt, um ihn zu verinnerlichen in anderen Situationen, z. B., wenn das Fenster oder die Brille beschlägt. „Hilfe, ich kann gar nichts sehen. Wisst ihr, was mit meiner Brille passiert ist?"

d) Reformulierungsaufgaben können z. B. in ein Quiz, eine Geschichte oder eine spielerische Situation eingebettet werden. „Benjamin hat beobachtet, dass die Fenster unserer Küche viel öfter beschlagen als die Fenster in unserer Spielgruppe. Könnt ihr erklären, warum das so ist"; zitiert nach: Empfehlung. Sprachförderung als Teil der Sprachbildung im Jahr vor der Einschulung durch Grundschullehrkräfte. Hannover 2012, S. 39.

4. das Verfassen eines schriftlichen Textes zur Sache.

Die beschriebenen Schritte werden kindgerecht und spielerisch vollzogen, damit keine gekünstelte oder verkrampfte Kommunikationssituation entsteht.

- stellen „Reformulierungsaufgaben".

Hier geht es um eine „Rückübersetzung" von Bildungssprache in Alltagssprache. Dabei wird eine Aufgabenstellung in Allgemeinsprache umformuliert, damit sichergestellt wird, dass die erwartete Handlung erfasst worden ist (z. B.: Erkläre es mit deinen Worten.).[177]

4.2 medizinische Empfehlungen.

Mehrsprachigkeit ist nach heutigen Erkenntnissen eine Schlüsselqualifikation für späteren Berufserfolg. Sie bildet zugleich die Grundlage für die aktive Teilnahme am sozialen Leben. Mehrsprachigkeit und Sprachförderung ist umso effektiver, je früher mit ihnen begonnen wird.[178] Dies geschieht in der Regel am nachhaltigsten im familiären Kontext durch Bereitstellung eines täglichen Anregungs- und Entwicklungsmilieus, das Kinder in der Erschließung ihres Lebensraums durch Sprache unterstützt und im Falle von mehrsprachigen Familienverhältnissen dem Erwerb des Deutschen einen besonderen Stellenwert gibt.[179] Es wird den Eltern und Fachkräften dringend empfohlen Kinder und ihre (Sprach-)Entwicklung zu verfolgen.

Sprachbeobachtung und Dokumentation der individuellen Sprach- und Lernentwicklung ist in Kinder- und Bildungseinrichtungen ein geeignetes Instrument, um die Lernfortschritte von Kindern im Entwicklungs- und Bildungsprozess zu würdigen

---

[177] Vgl. *Empfehlung. Sprachförderung als Teil der Sprachbildung im Jahr vor der Einschulung durch Grundschullehrkräfte.* Hannover 2012, S. 38f.

[178] Vgl. *Sprachförderung im vorschulischen Bereich*; http://www.hamburg.de/contentblob/73098/data/anlage-3-sprachfoerderung-vsk.pdf; Stand 30.11.2012, S. 2.

[179] Das Hamburgische Schulgesetz in der Fassung vom 27. Juni 2003 hat den individuellen sprachlichen Voraussetzungen im Rahmen des Einschulungsverfahrens einen besonderen Stellenwert eingeräumt: § 42 Absatz 1 HmbSG sieht vor, dass „Grundschülerinnen und Grundschüler von den Erziehungsberechtigten nach öffentlicher Bekanntmachung zu Beginn der Einschulung des vorangehenden Jahres in der regional zuständigen Grundschule vorzustellen (sind)." Dies bedeutet, dass alle Kinder, die eineinhalb Jahre vor ihrem regulären Einschulungstermin stehen, also etwa viereinhalb Jahre alt sind, in die zuständige Bezirksgrundschule eingeladen werden. Im Rahmen dieser frühen Erstvorstellung wird nach Maßgabe des § 42 Absatz 1 Satz 2 der geistige, seelische, körperliche und sprachliche Entwicklungsstand überprüft.; zitiert nach: *Sprachförderung im vorschulischen Bereich*, http://www.hamburg.de/content blob/73098/data/anlage-3-sprachfoerderung-vsk.pdf; Stand 30.11.2012, S. 3.

und bei Bedarf rechtzeitig eine angemessene Unterstützung durch passende Förder- oder Fordermaßnahmen einzuleiten.[180]

Da die Feststellung des Sprachstandes eines Kindes und die Dokumentation seiner weiteren Entwicklung ca. 15 Monate vor der geplanten Einschulung im Rahmen der schulischen Sprachförderung beginnen und kontinuierlich fortgeführt werden, wird es von den Erziehern und Eltern verlangt, Kinder besonders gründlich zu beobachten. Dies wird gemacht, damit sich Übergangsphasen kontinuierlich und ohne Bruch gestalten, beispielsweise vorhandene und neu erworbene Sprachkompetenzen, aber ebenfalls Fehler sind Hinweise auf sprachliche Entwicklungsverläufe und Ansatzpunkte für Fördermaßnahmen. Alle „Lernwege" sollen dokumentiert werden, z. B. Erstellen eines Portfolios, Anlegen einer „Schatzkiste". Gleiches gilt, wenn ein Kind die Kinder- bzw. Bildungseinrichtung wechselt (durch Umzug beispielsweise) oder innerhalb der Einrichtung gravierende Veränderungen in der Lerngruppe stattfinden, z. B. durch einen Wechsel der betreuenden Personen. Ebenfalls hier muss ein verbindlicher Austausch stattfinden: Wo steht das Kind, was hat es bereits erreicht? Wie geht es weiter?[181]

Bei Verfahren zur Feststellung des Sprachstands sind grundsätzlich zwei verschiedene Funktionen zu unterscheiden: zum Einen Verfahren, die einer ersten Einschätzung des Sprachstands dienen (Stufe 1), und zum Anderen Diagnoseverfahren, die genutzt werden können, um nach Beginn der Fördermaßnahme auf das einzelne Kind zugeschnittene Förderkonzepte zu entwickeln (Stufe 2).[182] Zu diesem Zweck wurden bestimmte Verfahren zur Feststellung des Sprachstandes und geistiger Entwicklung vom medizinischen Fachpersonal herausgebildet.

In dem Entwurf des Landesrahmenvertrags zur Ausgestaltung der Kindertagesbetreuung in Hamburg haben sich die Spitzenverbände der Freien Wohlfahrtspflege, der Wohlfahrtsverband „Sozial und Alternativ" sowie die Vereinigung Hamburger Kindertagesstätten GmbH auf einen verbindlichen Rahmen zur Bildung und Sprachförderung verständigt. Der Erwerb von Sprachkompetenz wird dabei als Kernbe-

---

[180] *Empfehlung. Sprachförderung als Teil der Sprachbildung im Jahr vor der Einschulung durch Grundschullehrkräfte.* Hannover 2012, S. 31.

[181] Young, Irina. 2012

[182] Vgl. *Empfehlung. Sprachförderung als Teil der Sprachbildung im Jahr vor der Einschulung durch Grundschullehrkräfte.* Hannover 2012, S. 31.

reich der Bildung in Tageseinrichtungen ausdrücklich hervorgehoben. Es wird verbindlich festgelegt, dass alters- und entwicklungsangemessene Maßnahmen zur Sprachförderung für alle Kinder im Rahmen von Alltagshandlungen und Bildungsangeboten durchzuführen sind. Sofern bei einem Kind eine gezielte Sprachförderung erforderlich erscheint, ist der individuelle Förderbedarf mit Hilfe eines anerkannten Instrumentes zur Sprachstandsdiagnostik festzustellen. Solch ein Instrument kann HAVAS 5 aber auch ein anderes anerkanntes Diagnoseverfahren sein. Die Ergebnisse der Sprachstandsdiagnostik sind der Ausgangspunkt für eine sich anschließende individuelle Sprachförderung.[183]

Generell werden zwischen prozessbegleitenden und punktuellen Verfahren zur Feststellung des Sprachstands bei Kindern unterschieden:

1. Prozessbegleitende Verfahren:

Sismik[184] (**S**prachverhalten und **I**nteresse an **S**prache bei **Mi**grantenkindern in **Ki**ndertageseinrichtungen) erlaubt eine systematische Beobachtung und Dokumentation der Sprachentwicklung ab zweieinhalb Jahren bis zum Schuleintritt.
Die Durchführung der Beobachtung ist flexibel in Gruppen- oder Einzelsituationen möglich, der Zeitaufwand hängt vom jeweiligen Beobachtungsschwerpunkt ab. Es werden die Qualifikationen Phonetik, Morphematik, Syntax, Lexik, Semantik, Literacy, Rezeptionsfähigkeit, diskursive Fähigkeiten und Sprachvermittlung berücksichtigt. Das Verfahren kann als Grundlage für die Erstellung eines Förderkonzeptes genutzt werden.

Seldak[185] (**S**prachentwicklung und **L**iteracy bei **d**eutschsprachig **a**ufwachsenden **K**indern) besteht aus einem Beobachtungsbogen mit Begleitheft Teil 1 zur Konzeption und Bearbeitung des Bogens und Teil 2 mit Anregungen zur Entwicklung von Literacy. Dieses Verfahren ist ähnlich aufgebaut wie Sismik und stellt eine Ergänzung für die Kinder dar, die einsprachig aufwachsen. Berücksichtigt wird die Altersspanne ab vier Jahren bis zum Schuleintritt. Die Sprachentwicklung kann gezielt

---

[183] *Sprachförderung im vorschulischen Bereich*, http://www.hamburg.de/contentblob/73098/data/ anlage-3-sprachfoerderung-vsk.pdf; S. 6.

[184] Erfinde: Michaela, Ulich; Toni, Mayr. Staatsinstitut für Frühpädagogik, 2003.

[185] Erfinde: Michaela Ulich und Toni Mayr. Staatsinstitut für Frühpädagogik, 2007.

beobachtet und systematisch begleitet werden. Ungünstige Entwicklungen können frühzeitig erkannt, positive Entwicklungen sichtbar gemacht werden.

Sprachlerntagebuch[186] ist für die Beobachtung zur Sprachlernentwicklung vor Schuleintritt entwickelt worden und beinhaltet zunächst Fragen zum Kennenlernen (Elterninterview) und im Anschluss daran eine Reihe von Arbeitsblättern, in denen sich das Kind selbst darstellt (Selbstbildnis, Familie etc., erste Wörter). Weiterhin werden zu verschiedenen Zeitpunkten Bildungsinterviews anhand der Zeichnungen des Kindes geführt und Notizen zur Sprachentwicklung und zu Stärken des Kindes niedergeschrieben.

Ein neunseitiger Fragebogen zur Lerndokumentation berücksichtigt folgende fünf Bereiche: Basale Fähigkeiten, Phonologische Bewusstheit, Sprachhandeln, Erste Erfahrungen mit Bild- und Schriftsprache sowie Sprachstrukturen.

Die beobachtende Person dokumentiert, ob das Kind die Fähigkeiten in den genannten Bereichen mit Unterstützung, ab und zu, häufig oder sicher und selbstständig beherrscht. Im Anschluss finden sich Erklärungen zu Entwicklungsstufen bei der Satzbildung (vier Stufen) mit Beispielen, die zur Formulierung für Förderansätze genutzt werden können.

Sprachprofile I und II[187] wurde in Zusammenarbeit zwischen Pädagogen abgebender und aufnehmender Bildungsinstitutionen (vom Vorschulbereich bis zum 9. Schuljahr) erarbeitet, die Kriterien benennen, um sprachliche Niveaus im Übergang von einer Bildungsinstitution zur nächsten zu beschreiben, indem die für das schulische Lernen nötigen Kompetenzen erfasst werden. Die Sprachprofile sind ein Orientierungsinstrument für Pädagogen - kein Beurteilungssystem für Sprachkompetenzen. Das Sprachprofil I beschreibt Fertigkeiten im Kindergarten, Sprachprofil II diejenigen in der Primarschule (weitere Profile bis zum 9. Schuljahr).

Die Profile beschreiben, welche sprachlichen Handlungen gelernt werden sollen, und stellen auch beispielhaft Förderszenarien dar. Die Kriterien werden global, aber auch detailliert beschrieben. Sprachliche Ziele werden genannt und sowohl angeleitete als auch freie Sequenzen vorgeschlagen.

---

[186] Hrg. Senatsverwaltung für Bildung. Wissenschaft und Forschung. Berlin 2007.

[187] Sprachförderkonzept Kt. Basel-Stadt: Erprobungsfassung Februar 2005.

2. Punktuelle Verfahren:

Havas 5[188] ist das „Hamburger Verfahren zur Analyse des Sprachstandes bei 5-Jährigen (bis zum Alter von ca. sechseinhalb Jahren). Dieses Verfahren erfasst den individuellen Sprachstand in beiden Sprachen des Kindes (Deutsch und Herkunftssprache). Der Zeitumfang für das Einzelgespräch beträgt etwa zehn Minuten, für die Auswertung etwa 45 Minuten je Sprache. Havas 5 lässt Beobachtungen in folgenden Bereichen zu: Aufgabenbewältigung, Bewältigung der Gesprächssituation, Verbaler Wortschatz, Formen und Stellung des Verbs sowie Verbindung von Sätzen. Ausgangstext ist eine vom Kind mündlich beschriebene Bildfolge, die aufgezeichnet und anschließend analysiert wird

Cito[189] ist ein digitaler Sprachtest zur Sprachstandsfeststellung für vier- bis siebenjährige Kinder. Er umfasst folgende Testbereiche (rezeptive Sprachfähigkeit): Passiver Wortschatz, Kognitive Begriffe, Phonologische Bewusstheit, Textverständnis.
Die jeweils erreichten Punktwerte bilden die Grundlage für die Sprachförderentscheidung, sind aber nur bedingt für eine Diagnose geeignet. Die Dauer der Durchführung beträgt ca. 30-45 Minuten.[190]

4.3 pädagogische Empfehlungen

Die didaktisch-methodische Gestaltung des Sprachlernprozesses im Elementarbereich bzw. vor der Einschulung muss individualisierend und differenzierend angelegt sein. Im Rahmen der inneren Differenzierung wechseln Phasen individuellen und gemeinsamen Lernens und Spielens ab. Dazu sind offene, ganzheitliche und handlungsorientierte Angebote und eine kindgerechte Umgebung notwendig.
Die Differenzierung kann nach folgenden Gesichtspunkten gestaltet werden:

- thematisch-intentional (nach Zugänglichkeit und Komplexität der Inhalte differenzierend)
- quantitativ (nach Umfang und Anzahl der Arbeitsaufträge differenzierend)

---

[188] Reich, Hans H.; Roth, Hans-Joachim, *Landesinstitut für Lehrerbildung und Schulentwicklung* Hamburg 2001.

[189] www.cito.com; Stand 10.12.2012

[190] Vgl. *Empfehlung. Sprachförderung als Teil der Sprachbildung im Jahr vor der Einschulung durch Grundschullehrkräfte*. Hannover 2012, S. 32f.

- medial (auf verschiedene Sinne bezogen, unter Berücksichtigung multi-medialer und spielpädagogischer Angebote)
- methodisch (nach Lerntypen und -strategien differenzierend)
- sozial (nach Sozialformen wie Gruppenarbeit, Einzelarbeit differenzie-rend).[191]

Das parallele Sprachenlernen in der Kindertagesstätte bedeutet sowohl für diese als auch für die zukünftige Schule eine besondere Herausforderung, da sie in die unterschiedlichen Organisationsformen beider Institutionen eingreift.[192]

Damit die Zusammenarbeitet gut begingt, wird folgendes für alle Beteiligten empfohlen:

1. Beziehungen aufbauen und pflegen

Beziehungen, Vertrauen sowie Wertschätzung sind für Kinder existentiell und eine unverzichtbare Bedingung für Lernbereitschaft und Lernvermögen. Sie sind Bestandteil von Kommunikation und Dialog.

Fachkräfte nehmen kindliche Bedürfnisse wie z. B. Nähe oder Distanz wahr und richten ihr Verhalten daran aus. Sie respektieren, wenn Kinder auf Gesprächsangebote nicht eingehen und zunächst nur zuhören oder beobachten wollen. Sie schaffen eine Atmosphäre, in der sich Kinder sicher und geborgen fühlen und sich damit ohne Angst äußern und einbringen können.[193]

Eine von guten Beziehungen getragene Interaktion motiviert Kinder, die Kommunikationsabsichten der Fachkraft zu entschlüsseln, sich in die Gesprächssituation einzubringen und sich verbal oder auch non-verbal zu äußern. Mit seinen Äußerungen bringt sich ein Kind in Beziehungen ein und entdeckt Sprache als Werkzeug für Kommunikation und Interaktion. Fachkraft und Kind sind dabei gleichwertige

---

[191] Vgl. *Didaktisch-methodische Empfehlungen für die Sprachförderung vor der Einschulung*. Hannover 2004, S. 10f.

[192] Young, Irina. 2012

[193] *Sprachbildung und Sprachförderung. Handlungsempfehlungen zum Orientierungsplan für Bildung und Erziehung im Elementarbereich niedersächsischer Tageseinrichtungen für Kinder*. Niedersachsen 2011, S. 14.

Kommunikationspartner. Kommen die Gesprächsanliegen der Kinder trotz eines geringeren sprachlichen Ausdrucksvermögens zu ihrem Recht, beispielsweise die Wahrnehmung, das Zuhören und die einfühlsame Reaktion auf alle Ausdrucksmöglichkeiten eines Kindes, signalisieren ihm, dass seine Kommunikationsbemühungen Wirkung erzielen und ermutigen zu weiteren Äußerungen.

Schon lange bevor ein Kind zu sprechen beginnt, ist es „ganz Ohr". Insbesondere in den ersten Lebensjahren gehen dabei das Sprachverständnis und die Fähigkeit zu non-verbaler Kommunikation eines Kindes weit über seine Kompetenz hinaus, sich verbal auszudrücken. Gestik, Mimik und Verhalten sind daher wichtige Aspekte von Kommunikation. Kinder verstehen die Haltungen und Gefühle, die mit Äußerungen von Bezugspersonen verbunden sind. Verbale Zuwendung in Verbindung mit dem nonverbalen Ausdruck von Ablehnung verwirrt Kinder und lässt sie an Beziehungen zweifeln. *Fachkräfte müssen auf allen Kommunikationsebenen eindeutige, verlässliche und authentische Botschaften senden.*[194]

Kein Kind ist wie das andere. Eine positive Haltung gegenüber dem Kind und seinen Lebenswelten ist besonders wichtig, wenn Kinder mit Migrationshintergrund die deutsche Sprache erst in der Kindertageseinrichtung erlernen. Für den erfolgreichen Spracherwerb eines Kindes sind die soziale Integration, die Befriedigung kommunikativer Bedürfnisse und die Einstellung zu der zu erlernenden Sprache und der Herkunftssprache bedeutsame Faktoren. *Fachkräfte können sich auf individuelle Unterschiede in der sprachlichen, kulturellen und sozialen Herkunft eines Kindes einstellen, seine Perspektiven einnehmen und ihnen ihre Sprachentwicklung, vor allem den Zugang zur deutschen Sprache erleichtern. Sie können sich in Kinder hineinversetzen, einen Sachverhalt aus mehreren Perspektiven betrachten und gegebenenfalls auch einen Perspektivwechsel vollziehen, um mit Kindern im Gespräch zu bleiben.*[195]

---

[194] Vgl. *Sprachbildung und Sprachförderung. Handlungsempfehlungen zum Orientierungsplan für Bildung und Erziehung im Elementarbereich niedersächsischer Tageseinrichtungen für Kinder.* Niedersachsen 2011, S. 14.

[195] Sprachbildung und Sprachförderung. Handlungsempfehlungen zum Orientierungsplan für Bildung und Erziehung im Elementarbereich niedersächsischer Tageseinrichtungen für Kinder. Niedersachsen 2011, S. 14.

Neugier, Akzeptanz und Achtung für die kulturelle Herkunft einer Familie, ihre Sprache(n) und ihre jeweiligen Lebensumstände sind wichtige Ausgangspunkte für den Aufbau und die Pflege von Beziehungen – nicht nur zwischen der Fachkraft und dem Kind, sondern auch zwischen der Fachkraft und der Familie des Kindes. *Fachkräfte wissen um die Bedeutung der Familiensprache(n) für die Persönlichkeitsentwicklung und Identität eines Kindes. Die Bereitschaft, die eigene soziale und kulturelle Situation zu reflektieren und sich in das Denken und Fühlen anderer Menschen hineinzudenken ist wichtig für eine offene Kommunikation auf Augenhöhe. Unsicherheiten über Gemeinsamkeiten und Unterschiede sind dabei auszuhalten.*[196]

2. geteilte Aufmerksamkeit etablieren

Eine dialogische Kommunikation beruht auf einem gemeinsamen Thema und einer abwechselnden Rede. Eine Kommunikation, die keine gemeinsame Perspektive auf einen Gesprächsgegenstand etabliert und das Kind nicht motiviert, sich einzubringen, bietet nur geringe Anregungen für (parallele) Sprachbildung und Sprachförderung. *Erziehende und Eltern sollten nicht zu Kindern, sondern mit Kindern reden.*[197]

Geteilte Aufmerksamkeit lässt sich in ganz unterschiedlichen Situationen etablieren: die Schwierigkeit beim Anziehen der Schuhe oder ein Gespräch über die Frage, weshalb der Feuerschlucker sich nicht den Mund verbrennt oder aber das klassische Lernarrangement einer dialogischen Bilderbuchbetrachtung.

Schon Babys können über non-verbale Kommunikation sicherstellen, dass eine geteilte Aufmerksamkeit zwischen ihnen und der Bezugsperson hergestellt werden kann. Durch das Zeigen auf einen Ball kann es z. B. den Partner für ein gemeinsames Spiel gewinnen. Erwachsene können in solchen Situationen den Erwerb von Wörtern und ihren Bedeutungen fördern, indem Sie in den Dialog eintreten: „*Schau mal, das ist ein Ball! Hast du gesehen, wie schnell der Ball rollen kann*?" Die gemeinsam geteilte Aufmerksamkeit für ein Objekt oder eine Situation erlaubt es dem Kind,

---

[196] Vgl. *Sprachbildung und Sprachförderung. Handlungsempfehlungen zum Orientierungsplan für Bildung und Erziehung im Elementarbereich niedersächsischer Tageseinrichtungen für Kinder.* Niedersachsen 2011, S. 14.

[197] Vgl. Sprachbildung und Sprachförderung. Handlungsempfehlungen zum Orientierungsplan für Bildung und Erziehung im Elementarbereich niedersächsischer Tageseinrichtungen für Kinder. Niedersachsen 2011, S. 15.

Sachverhalte mit Wörtern und Begriffen zu verknüpfen und seine Erfahrungen zunehmend in sprachlichen Kategorien auszudrücken.

In Kindertageseinrichtungen haben Kinder zahlreiche Möglichkeiten, sich ebenfalls im Dialog mit anderen Kindern sprachlich zu entwickeln. Sie erfahren, dass das Sprechen miteinander ein wichtiges Mittel ist, um gemeinsame Handlungen (besonders Rollen- und Regelspiele) abzustimmen bzw. zu organisieren. *Bei der Steuerung von gruppendynamischen Prozessen und bei der Gestaltung von Gesprächssituationen berücksichtigen Fachkräfte, dass Kinder sich immer für andere Kinder interessieren und dabei viel voneinander lernen können.*[198]

3. Sprachvorbild sein

Aus der korrekten und differenzierten Verwendung von Wörtern in konkreten Alltagssituationen erschließen sich Kinder Schritt für Schritt ihre genaue und differenzierte Bedeutung. Sie lernen gleichzeitig, dass ein präziser Ausdruck für die zwischenmenschliche Kommunikation eine große Bedeutung hat. Ein variationsreiches Angebot umgangssprachlicher Wort- und Satzformen als Reaktion, Erwiderung oder Erweiterungen kindlicher Äußerungen regen Kinder dazu an, sich Zusammenhänge zu erschließen und dabei gleichzeitig sprachliche Regeln abzuleiten.

Kinder sind damit auf gute Sprachvorbilder angewiesen Die Qualität des Sprachgebrauchs einer Fachkraft ist damit ein bedeutender Erfolgsfaktor für (parallele) Sprachbildung und Sprachförderung in Kindertageseinrichtungen. Sprachliche Vorbilder beeinflussen die Möglichkeiten eines Kindes, sich den Gebrauch von Sprache(n) intuitiv zu erschließen, seinen Wortschatz schrittweise zu erweitern und grammatische Regeln abzuleiten.[199]

Pädagogen/innen im Elementarbereich müssen daher ihr eigenes Sprach- und Kommunikationsverhalten ständig reflektieren und überprüfen: Ist meine Aussprache deutlich? Sind meine Äußerungen sprachlich korrekt? Hat mich das Kind verstan-

---

[198] Vgl. *Sprachbildung und Sprachförderung. Handlungsempfehlungen zum Orientierungsplan für Bildung und Erziehung im Elementarbereich niedersächsischer Tageseinrichtungen für Kinder.* Niedersachsen 2011, S. 15.

[199] Vgl. Sprachbildung und Sprachförderung. Handlungsempfehlungen zum Orientierungsplan für Bildung und Erziehung im Elementarbereich niedersächsischer Tageseinrichtungen für Kinder. Niedersachsen 2011, S. 15.

den? Sie sind in der Lage, das eigene Sprachverhalten so zu steuern, dass es sich am Verständnishorizont eines Kindes oder einer Gruppe von Kindern ausrichtet und den Anforderungen an eine lernintensive Interaktion genügt.[200]

4. Kommunikation anregen und Sprachanreize setzen

(Paralleles) Sprachenlernen findet in Kommunikationssituationen statt, *in denen Fachkräfte mit ihrem eigenen Sprachgebrauch auf den sprachlichen Entwicklungsstand eines Kindes eingehen, ihm neue Sprachanregungen bieten und das Kind ermutigen, sich ebenfalls zu äußern. So müssen Fachkräfte zunächst sicherstellen, dass Kommunikation gelingt.[201]*

Kinder sind in ihren Bildungs- und Kommunikationsbestrebungen auf die Resonanz von erwachsenen Bezugspersonen angewiesen. Der Austausch über Erfahrungen und Gefühle im Rahmen von pädagogischer Interaktion spielt hierfür eine zentrale Rolle. In dieser Interaktion zwischen kindlicher und erwachsener Weltsicht entfalten Kinder in den ersten Lebensjahren ihre Wahrnehmungs-, Erfahrungs- und Gefühlswelten. Mit der Entwicklung ihrer kognitiven Fähigkeiten können sie diesem zunehmend auch sprachlich Ausdruck verleihen. Kinder lernen Sprache(n) nicht, weil sie diese korrekt sprechen möchten. Sie wollen mit ihren Äußerungen etwas bewirken, sich etwas aneignen oder etwas mitteilen.

Sprachenlernen und Sachlernen gehören zusammen. Kinder erleben Sprache als ein Werkzeug für Verständigung und Denken. Wenn sich dieses Werkzeug in der Kommunikation ihres Alltags bewährt, so werden sie es nutzen und anhand von Sprachvorbildern weiterentwickeln.

Fachkräfte müssen in ihren Kommunikationsbemühungen auf den jeweiligen Entwicklungsstand eines Kindes eingehen. Je höher die Sprachkompetenz, desto reichhaltiger und komplexer sollten Sprachanregungen gestaltet werden. Grundsätzlich

---

[200] *Sprachbildung und Sprachförderung. Handlungsempfehlungen zum Orientierungsplan für Bildung und Erziehung im Elementarbereich niedersächsischer Tageseinrichtungen für Kinder.* Niedersachsen 2011, S. 15.

[201] Vgl. *Sprachbildung und Sprachförderung. Handlungsempfehlungen zum Orientierungsplan für Bildung und Erziehung im Elementarbereich niedersächsischer Tageseinrichtungen für Kinder.* Niedersachsen 2011, S. 16.

gilt: nur ein präziser und damit auch anspruchsvoller Sprachgebrauch ermöglicht es Kindern, sich die differenzierte Bedeutung von Redemitteln zu erschließen. Fachkräfte reflektieren auch, wie Kinder ihre sprachlichen Anregungen aufgreifen. Umfassende und komplexe Äußerungen von Kindern sind ein gutes Signal, dass eine gute und sprachbildende Kommunikationssituation entstanden ist.

Nicht nur der sprechende, sondern auch der zuhörende Kommunikationspartner trägt große Mitverantwortung für die Gestaltung des Dialogs. Es ist daher die Fähigkeit, genau und geduldig zuhören zu können, bedeutsam. *Um sicherzustellen, dass sich ein Kind mitteilen kann, geht die Fachkraft auf sein sprachliches Ausdrucksvermögen ein, lässt es geduldig zu Wort kommen und nutzt ihr Wissen über das Lebensumfeld des Kindes für die Entschlüsselung seiner Botschaften.*[202]

Fachkräfte schaffen immer sprachliche Anforderungssituationen im Rahmen ihrer Bildungsangebote, in denen Kinder ihre Sprachkompetenzen entwickeln, anwenden und erproben können.

Wenn Kinder laufen, klettern, kriechen oder sich verstecken, *sollten pädagogische Fachkräfte diese Handlungen sprachlich begleiten.* Im bewegten Spiel erleben Kinder die Bedeutung von „oben" und „unten". Sie verinnerlichen, was „Ball haben" bedeutet, wenn sie ihn auch sehen, fühlen und mit ihm spielen können. So verknüpfen sie Eigenschaften, Beziehungen und funktionale Merkmale zu Begriffen. Ohne Verknüpfung mit konkreten Erfahrungen bleiben Wörter arm an Bedeutung und die Begriffsbildung wird erschwert.

Bildungsbereiche wie Musik oder Bewegung sind Erfahrungsfelder, die Kinder sich aktiv erschließen. Musische Bildung bietet im Kleinkindalter vielfältige Möglichkeiten zur Entwicklung von Stimme und Klang, zur Ausdifferenzierung des Rhythmusempfindens, zur Wortschatzerweiterung und Erschließung erster grammatischer Regeln. Das wiederholte Angebot von Singspielen und Liedern ermöglicht das spielerische Verbinden von Atmung, Stimme und Rhythmusgefühl zu sprachlichen Bewegungsabläufen und fördert die Sprechfertigkeit. Lautbildungen gehen fließend in die Nachahmung erster Worte über.[203]

---

[202] Vgl. *Sprachbildung und Sprachförderung. Handlungsempfehlungen zum Orientierungsplan für Bildung und Erziehung im Elementarbereich niedersächsischer Tageseinrichtungen für Kinder.* Niedersachsen 2011, S. 16.

[203] Vgl. Sprachbildung und Sprachförderung. Handlungsempfehlungen zum Orientierungsplan für Bildung und Erziehung im Elementarbereich niedersächsischer Tageseinrichtungen für Kinder. Niedersachsen 2011, S. 24.

Insbesondere das dialogische Betrachten von Bilderbüchern oder aber das Vorlesen und Sprechen über Geschichten ist ein guter Ansatz für Kommunikation und paralleles Sprachenlernen. Über Bücher können Kinder unterschiedliche Perspektiven, Personen, Ereignisse und Gefühle kennenlernen und diese zu sich und den eigenen Erfahrungen in Beziehung setzen. Bücher tragen so zur Auseinandersetzung mit der Welt und zur Identitätsentwicklung bei. Das Bewusstsein über die Funktion von Buchstaben und Schrift ebnet den Weg zum systematischen Erlernen von Lesen und Schreiben.[204]

5. Sprachstand einschätzen können

(Parallele) Sprachenlernen orientiert sich am Entwicklungsstand, an den Interessen und den aktuellen Bedürfnissen und Fragestellungen eines Kindes. Sie berücksichtigen seinen familiären Hintergrund, seine kulturelle Herkunft und Kenntnisse einer nicht-deutschen Erstsprache. Wahrnehmung, Beobachtung und Reflexion von Sprachentwicklung ist die Grundlage einer individuellen Förderung zur Anbahnung der nächsten Entwicklungsschritte eines Kindes. *Es ist davon auszugehen, dass eine intuitive Einschätzung von qualifizierten und erfahrenen Fachkräften bereits wichtige Anhaltspunkte dafür liefert, ob und wie ein Kind gefördert werden sollte.* Subjektive Einschätzungen im Hinblick auf einen besonderen Förderbedarf lassen sich aber nur auf der Grundlage strukturierter Verfahren überprüfen. Allein durch subjektive Wahrnehmung ist keine belastbare Einschätzung der Sprachentwicklung eines Kindes möglich. *Es ist daher wichtig, Beobachtungen zur Sprachentwicklung von Kindern systematisch auszuwerten.*[205]

Kinder mit Deutsch als Zweitsprache, die erst über einen sehr kurzen Kontakt mit dem Deutschen verfügen, benötigen keine Überprüfung ihres Sprachstands, sondern zunächst eine umfassende Förderung. Lernfortschritte sollten dann regelmäßig beobachtet und dokumentiert werden. Darauf aufbauend können Entscheidungen über Schwerpunktsetzungen in der weiteren Förderung getroffen werden. Kinder mit Deutsch als Erstsprache, deren Sprachkompetenz von allen unmittelbar beteiligten Akteuren wie Eltern, Erziehern und Gesundheitspersonal als unauffällig betrachtet

---

[204] *Sprachbildung und Sprachförderung. Handlungsempfehlungen zum Orientierungsplan für Bildung und Erziehung im Elementarbereich niedersächsischer Tageseinrichtungen für Kinder.* Niedersachsen 2011, S. 16.

[205] Siehe das Kapitel „Empfehlungen vom Gesundheitspersonal", S. 78.

wird, brauchen kein umfangreiches Verfahren zu durchlaufen. Mit einer guten Sprachbildung im Alltag der Kindertageseinrichtung werden sie ihre Sprachkompetenz altersgemäß entwickeln.[206]

Besteht bei Kindern mit Deutsch als Erst- oder Zweitsprache dagegen Unklarheit, ob ein besonderer Förderbedarf besteht, dann sollten ihre Sprachfähigkeiten systematisch und differenziert erfasst und ein individueller Förderplan erstellt werden. *Dabei sollten sich Fachkräfte bewusst sein, dass*

- Sprachkompetenz auch durch kognitive, emotionale, soziale und motorische Entwicklungen bedingt wird und kaum auf einzelne linguistische Aspekte des Spracherwerbs reduziert werden kann,
- große Unterschiede zwischen einzelnen Verfahren bestehen: von standardisierten Verfahren im Sinn einer Test-Diagnostik, wissenschaftlich abgesicherten Verfahren für eine objektivierte Beobachtung und Dokumentation von Lernverläufen sowie Verfahren der Praxis, die eine strukturierte Reflexion von Sprachentwicklungsprozessen ermöglichen,
- die derzeit verfügbaren Sprachstandserhebungsverfahren unterschiedliche Zielsetzungen verfolgen: von der Feststellung zusätzlichen Förderbedarfs im Ausschlussverfahren bis hin zur Entwicklung individueller Förderprofile,
- bestehende Verfahren zur Erhebung des Sprachstands oftmals nur ausgewählte, zumeist linguistische Aspekte des Spracherwerbs feststellen,
- die Medizin und Wissenschaft weiterhin an der Entwicklung neuer Verfahren arbeitet und die Diskussion über methodische Standards von bestehenden und zukünftigen Verfahren weiter andauert.[207]

Wenn sich der Sprechbeginn eines Kindes stark verzögert und Auffälligkeiten in der Sprachproduktion nicht nur im Deutschen, sondern auch in weiteren Sprachen eines Kindes auftreten, so sollte dem Verdacht auf eine Spracherwerbsstörung nachgegangen und Eltern zur weiteren Überprüfung an medizinisches Fachpersonal verwiesen werden. Die Diagnose und Behandlung von Spracherwerbsstörungen oder Sprachbe-

---

[206] Vgl. *Sprachbildung und Sprachförderung. Handlungsempfehlungen zum Orientierungsplan für Bildung und Erziehung im Elementarbereich niedersächsischer Tageseinrichtungen für Kinder.* Niedersachsen 2011, S. 17.

[207] Vgl. Sprachbildung und Sprachförderung. Handlungsempfehlungen zum Orientierungsplan für Bildung und Erziehung im Elementarbereich niedersächsischer Tageseinrichtungen für Kinder. Niedersachsen 2011, S. 17.

hinderungen ist die Aufgabe von medizinischem Fachpersonal und kann nicht von Pädagogen geleistet werden.[208]

6. (Parallele) Sprachbildung und Sprachförderung am Entwicklungsstand des Kindes ausrichten

Bis zum Alter von etwa sechs Jahren sind die Erwerbsmechanismen bei allen Kindern gleich – egal wie viele Sprachen sie simultan oder sukzessiv lernen. Der Prozess der Sprachaneignung verläuft allerdings bei jedem Kind anders. Insbesondere der Zeitpunkt, zu dem bestimmte Meilensteine erreicht werden, kann im Rahmen insgesamt normal verlaufender Entwicklungskurven variieren.[209]

Der Wortschatz eines Kindes hängt davon ab, mit welchen Themen es sich beschäftigt. Es kann in Erst- und Zweitsprache ein unterschiedliches Niveau haben. *Bei der Einschätzung der Fähigkeiten eines Kindes in eine weitere Sprache sollte nicht das Lebensalter des Kindes, sondern die Zeit des Kontakts zur eine Zweitsprache, z.B.* Deutsch zugrunde gelegt werden. Wichtig ist nicht, wo ein Kind im Vergleich mit gleichaltrigen Kindern steht, sondern, ob seine sprachliche Entwicklung im Rahmen der individuellen Möglichkeiten angemessene Fortschritte macht. Diese Fortschritte müssen als Motivation für weitere Anstrengungen gewürdigt werden.[210]

Die Gestaltung von Anregungen für das parallele Sprachenlernen ist am jeweiligen Entwicklungsstand eines Kindes auszurichten. Auch, wenn der Spracherwerb eines Kindes sehr individuell verläuft. Die „Meilensteine" bieten Orientierung, welche Herausforderungen der Sprachentwicklung ein Kind gerade meistert und erlauben, Sprachbildung und Sprachförderung auf diese Herausforderungen abzustimmen. Die Äußerungen von Kindern geben Aufschluss darüber, mit welchen Entwicklungsaufgaben es sich gerade beschäftigt und welche sprachlichen Codes sie gerade „knacken". Kreative Wortschöpfungen und Satzkonstruktionen können aufschlussreich

---

[208] Vgl. *Sprachbildung und Sprachförderung. Handlungsempfehlungen zum Orientierungsplan für Bildung und Erziehung im Elementarbereich niedersächsischer Tageseinrichtungen für Kinder.* Niedersachsen 2011, S. 17.

[209] Siehe zweites Kapitel „Besonderheiten des Sprachenlernens in der frühen Kindheit - Kindliche Sprachenentwicklung", S. 30

[210] Vgl. *Sprachbildung und Sprachförderung. Handlungsempfehlungen zum Orientierungsplan für Bildung und Erziehung im Elementarbereich niedersächsischer Tageseinrichtungen für Kinder.* Niedersachsen 2011, S. 18.

sein, weil sie auf Regeln hinweisen, die ein Kind zugrunde legt. Spontane Selbstkorrekturen zeigen, dass ein Kind bekannte Sprachmuster überarbeiten und durch neue Varianten ersetzen kann. Insbesondere das Mischen von Sprachen bei mehrsprachig aufwachsenden Kindern kann viel über Entwicklungsstand und Erwerbsstrategien verraten.

Pädagogische Fachkräfte lassen sich von einem hohen Niveau einzelner Äußerungen nicht zu schnell beeindrucken. Kinder versuchen zunächst komplexe Formen ganzheitlich zu reproduzieren bzw. zu imitieren, ohne dass das dieser Äußerung unterliegende Regelwerk bereits erschlossen ist. *Um zu beurteilen, ob ein Kind eine bestimmte Stufe der Sprachentwicklung beherrscht, werden immer mehrere Nachweise einer grammatischen Struktur oder von neuem Wortschatz in unterschiedlichen Kombinationen gebraucht.*

Die Fähigkeit, auf die non-verbalen und verbalen Äußerungen von Kindern angemessen einzugehen, sie aufzugreifen und Anregungen für eine Weiterführung von Dialogen zu geben, hat einen entscheidenden Einfluss auf die Entwicklung von Sprachkompetenz. *Eine Fachkraft, die erkennt, welche Herausforderungen des Spracherwerbs ein Kind bereits gemeistert hat, kann nächste Entwicklungsschritte anbahnen. Wenn Kinder beginnen, komplexere Satzstrukturen zu benutzen (z. B. Nebensätze oder Hilfsverben), dann verwenden Fachkräfte diese Satzstrukturen besonders häufig und in unterschiedlichen Kontexten und Variationen.*[211]

Die Rolle des Erwachsenen in (parallelem) Sprachenlernen im Gespräch mit Kindern verändert sich mit zunehmendem Alter der Kinder. Während zu Beginn die Erwachsenen Gespräche initiieren, mit Fragen weiterführen und strukturieren, werden die Beiträge der Kinder mit zunehmendem Alter komplexer und umfangreicher. Die Rolle des Erwachsenen verliert an Dominanz, bis das Gespräch schließlich weitgehend von den Kindern gesteuert wird.[212]

---

[211] Vgl. *Sprachbildung und Sprachförderung. Handlungsempfehlungen zum Orientierungsplan für Bildung und Erziehung im Elementarbereich niedersächsischer Tageseinrichtungen für Kinder.* Niedersachsen 2011, S. 18.

[212] Vgl. *Sprachbildung und Sprachförderung. Handlungsempfehlungen zum Orientierungsplan für Bildung und Erziehung im Elementarbereich niedersächsischer Tageseinrichtungen für Kinder.* Niedersachsen 2011, S. 19.

7. (Parallele) Sprachbildung und Sprachförderung evaluieren

Anhand ihrer Kenntnisse der Voraussetzungen, Merkmale und Meilensteine des Spracherwerbs leiten Fachkräfte die individuellen Lernpotenziale von Kindern ab und identifizieren daraus Förderansätze. Sie sind in der Lage, ihr pädagogisches Handeln zu reflektieren und zu überprüfen, ob paralleles Sprachenlernen von Kindern auf einem guten Weg ist. Aufgrund der starken Vernetzung und wechselseitigen Abhängigkeit aller Lern- und Bildungsprozesse in der frühen Kindheit wird es jedoch nicht immer möglich sein, einzelnen Sprachimpulsen und Fördermaßnahmen eine direkte Wirkung auf die Sprachentwicklung eines Kindes zuzuordnen. *Es sind daher immer viele und vielfältige Impulse, die sprachliche Entwicklung eines Kindes unterstützen.*[213]

Bei der Gestaltung von Lern- und Entwicklungsumgebungen planen Fachkräfte, wie sie Spracherwerbsprozesse durch ihre Interaktionsstrategien unterstützen können. Zu diesen Strategien gehören offene Fragen (Wo? Wer? Warum? Wie?), das Erklären, Auffordern, Rechtfertigen, aber auch das Widersprechen und Provozieren. *In ihre Gespräche mit Kindern bringen Fachkräfte eigene Perspektiven ein. Sie kommentieren oder bewerten kindliche Äußerungen. Sie geben Kindern Sprachanregungen, indem sie ihre Äußerungen erzielt und variationsreich erweitern. Dafür fragen sie nach und ermutigen Kinder zu weiteren Äußerungen. Über ihr Sprachvorbild bieten sie einen reichhaltigen, ifferenzierten Wortschatz sowie vielfältige Satzkonstruktionen.*[214]

Zusammenfassung

Es wurde eine Menge von Empfehlungen aufgeführt, wie ein Kind in früher Kindheit parallel eine weitere Sprache erlernen kann. Die Kindereinrichtungen stellen hier ein ideales Lernumfeld dar. Zum Einen kann der interkulturelle Dialog in sprachlich

---

[213] Vgl. *Sprachbildung und Sprachförderung. Handlungsempfehlungen zum Orientierungsplan für Bildung und Erziehung im Elementarbereich niedersächsischer Tageseinrichtungen für Kinder.* Niedersachsen 2011, S. 22.

[214] Vgl. *Sprachbildung und Sprachförderung. Handlungsempfehlungen zum Orientierungsplan für Bildung und Erziehung im Elementarbereich niedersächsischer Tageseinrichtungen für Kinder.* Niedersachsen 2011, S. 24.

heterogenen Kindergartengruppen schon im Kleinen praktiziert und gelebt werden. Zum Anderen bietet eine flexible Zeitstruktur der verschiedenen Einrichtungen verschiedene Möglichkeiten, die Sprache stets in sinnvolles Handeln zu integrieren, sei es in vielfältigen Alltagstätigkeiten, in Übungen des praktischen Lebens oder durch gezielt für die Sprachenvermittlung konzipierte Spiele. Die Elternarbeit ist wünschenswert und notwendig.

Parallele Sprachbildung und Sprachförderung in Kindertageseinrichtungen basiert ebenfalls darauf, dass Kinder den Alltag mitgestalten, lernen ihre Interessen zu formulieren, Dinge auszuhandeln und zu argumentieren. Sprachkompetenz entsteht daher immer im Kontext von Interesse, Kommunikation, sinnvollen Handlungen und Themen. Die alltagsintegrierte ganzheitliche Sprachförderung ist die Basis einer langfristig wirksamen Strategie, Kinder in ihrer sprachlichen Kompetenz zu fördern. Die differenzierte Sprachförderung im Kita-Alltag basiert zugleich auf der systematischen Beobachtung und Dokumentation der allgemeinen und sprachlichen Entwicklung der Kinder. Insbesondere die Persönlichkeit des Kindes hat einen entscheidenden Einfluss darauf, wie Kinder sich Sprache erschließen. Die Förderung der Sprache im pädagogischen Alltag, im Rahmen von Kleingruppenangeboten oder Einzelförderung sollte entwicklungs- und altersgemäß sowie orientiert an den spezifischen Bedürfnissen und Ausgangslagen der Kinder erfolgen. Kenntnisse über den familiären Kontext, über kulturelle Gewohnheiten etc. erleichtern es den pädagogischen Fachkräften, die Denk- und Lebensweisen der Kinder zu verstehen und in Gesprächen aufzugreifen. Insbesondere bei Kindern mit Migrationshintergrund, deren Familiensprache nicht Deutsch ist, setzt die Sprachförderung in der Kindertageseinrichtung eine angstfreie Atmosphäre voraus, in der die Kinder auch Wertschätzung und Förderung der Familiensprache erfahren. All dies fördert das Wohlbefinden der Kinder, unterstützt ihre soziale Integration und trägt zur Persönlichkeitsförderung bei. Dies sind grundlegende Voraussetzungen für das Entdecken und Erlernen einer weiteren Sprache z. B. Zweitsprache.

Schlussfolgerung

Mehrsprachigkeit trägt dazu bei, Europa zu dem zu machen, was es ist. Andere Sprachen zu lernen und zu sprechen lässt Menschen offener und toleranter gegenüber Anderen, ihren Kulturen und Sichtweisen werden. Die Debatten um frühkindliche Mehrsprachigkeit stehen in Verbindung mit der Sprachenunterrichtsforschung und mit der Erziehungswissenschaft sowie der Kindergartendidaktik als auch mit der Lernpsychologie und der Neurolinguistik.

Neurophysiologischen Erkenntnissen zufolge ist das parallele Sprachenlernen in jedem Alter möglich. Je früher das Kind jedoch beginnt, eine weitere Sprache zu lernen, desto länger hat es dafür Zeit und desto nachhaltiger werden sich die Lerninhalte im Gehirn verankern. Es ist also auf die Lebenszeit hin gesehen ökonomischer, schon in früher Kindheit mit dem Lernen einer weiteren Sprache zu beginnen. Ab dem dritten Lebensjahr sind Kinder in ihrer erstsprachlichen und kognitiven Entwicklung so weit, dass mehrere Sprachen sie nicht überfordern. Kinder entwickeln durch das Lernen einer weiteren Sprache ein größeres Bewusstsein: die Ich-Kompetenz, ihre soziale Kompetenz, die Motorik, kommunikative Fertigkeiten, Gestaltungskompetenz, Achtsamkeit und die emotionale Kompetenz, als wenn sie nur ihre Erstsprache zur Verfügung haben. Die Positionierung von Sprachen als Basisqualifikation auf dem Arbeitsmarkt ist eine der wichtigen Gründe der Mehrsprachigkeit.

Ziel frühkindlichen parallelen Sprachenlernens ist allerdings nicht die Kommunikation in der Zielsprache. Das Kind wird lediglich mit dem Klang der weiteren Sprache vertraut, nimmt lustbetont und spielerisch einige Wörter in seinen rezeptiven Wortschatz auf. Hierfür werden entsprechende Rahmenbedingungen geschaffen, welche die besondere Lernsituation des Kindes, seine kognitive und emotionale Disposition in früher Kindheit berücksichtigen.

Das Kind nimmt seine Umgebung im Lernprozess aktiv in Besitz. Es ist ständig auf der Suche nach interessanten Dingen. Neues und Unbekanntes will es berühren, körperlich und ganzheitlich wahrnehmen. Die geeignetste Lernform des Kindes ist daher das Spiel und die wichtigste Form der Auseinandersetzung mit seiner Umwelt. Voraussetzung für ein Gelingen frühkindlichen parallelen Sprachenlernens ist vor allem ein kontrastreiches Sprachangebot, das in unterschiedlichen Spielen variiert wird. Dies erfordert Lernmaterialien, die Prozesse des Erkundens, Experimentierens und Entdeckens, die gleichzeitig das Kind zur selbstgesteuerten und aktiven Beschäftigung mit den Lerninhalten anregen. Die verwendeten Materialien und Medien sollen also hohen Aufforderungscharakter haben.

Eine Besonderheit in der Arbeit mit kindlichen Lernenden ist deren ausgeprägtes Bedürfnis nach einem freundschaftlichen, liebevollen Verhältnis zum/zur Pädagogen/in. Dieses Bindungsgefühl prägt neben Neugier, Spieltrieb und Motivation als lernfordernde Emotion den gesamten Lernprozess und das Verhältnis des Kindes zur Zielsprache. Enttäuschung, Aggression oder Befremden hingegen sind lernhemmende Emotionen, die durch falsches Erzieherverhalten provoziert werden können. In gleichem Maße wie die Beziehung zum/zur Pädagogen/in, wird die Lernumgebung als Begleitinformation zu den angebotenen Lerninhalten aufgenommen. Fühlt sich das Kind gestresst oder wird es akustischer oder optischer Überreizung ausgesetzt, wirkt sich dies negativ auf den Lernerfolg aus. „Gefährlich" wird frühkindliche parallele Sprachenvermittlung also nur, wenn sich das Kind unter Druck gesetzt fühlt. Als Gründe hierfür kommen insbesondere zu hohe Erwartungen von Seiten der Eltern in Betracht.
In beiden Fällen sind die Zusammenarbeit mit den Eltern und die Auslotung der gegenseitigen Erwartungen unabdingbar.

Das alltägliche Leben in der Familie bietet konkrete Möglichkeiten, die Kinder in ihrer Sprachentwicklung zu fördern. Sprache kann nicht trainiert werden, sie entwickelt sich bei jüngeren Kindern jeden Tag, indem sie zuhören und selbst sprechen – z. B. beim Spielen, beim Anschauen eines Bilderbuchs, beim gemeinsamen Essen, bei einer Unterhaltung mit Menschen, die sie lieb haben.

Beim Erzählen lernt das Kind allmählich, sich auszudrücken und seine Ideen und Wünsche mit Worten zu erklären. Kinder lernen am besten, wenn sie sich wohl fühlen und wenn sie keine Angst haben, Fehler zu machen. Manchmal erfinden Kinder ebenfalls Fantasiewörter, sie spielen mit der Sprache, das macht ihnen Spaß. Es ist nicht gut für die Entwicklung, Kinder ständig zu korrigieren, wenn sie etwas „falsch" sagen. Kinder, die oft korrigiert werden, verlieren manchmal die Freude am Sprechen und Erzählen. Es werden Beschäftigungen angeboten, bei denen Kinder viel lernen und ihre sprachlichen Fähigkeiten ganz besonders gut entwickeln. Dazu gehören vor allem Vorlesen, Geschichten erzählen, Lieder sprechen und singen. Sie lernen dabei Geschichten verstehen und selbst zu erzählen.

Die Sprachenvermittlungsmethoden der frühen Kindheit, deren didaktische Prinzipien zu Grunde liegen, sind flexibel miteinander kombinierbar und werden für die Vermittlung jeder beliebigen Sprache eingesetzt und immer in authentischen Kommunikationssituationen verwendet.

Das Kind entscheidet sich freiwillig für die Teilnahme am Sprachenangebot. Die Angebote finden in einer vorbereiteten Lernumgebung statt, die an sich schon Aufforderungscharakter hat. Grundprinzip des Lernprozesses ist die Förderung der kommunikativen Kompetenz des Kindes durch ein handlungsorientiertes Sprachangebot und die Organisation von Sprache in interaktiven Situationen.

Alle Lerninhalte werden anschaulich dargestellt, da die Begriffsbildung des Kindes auf sensomotorischen Erfahrungen aufbaut. Es wird also versucht, der synästhetischen Fähigkeit des Kindes entgegenzukommen und bei den Lernangeboten mehrere Sinne gleichzeitig anzusprechen. Am meisten lernt das Kind, wenn es sich die Inhalte in der Lernsituation selbsttätig aneignen kann. Die/der Pädagogin/e wird gefordert, in der Aufgabenstellung die Balance zwischen Unter- und Überforderung zu finden, damit das Kind ein echtes Erfolgserlebnis hat. Können die Kinder das Anspruchsniveau ihrer eigenen Leistung weitgehend selbst bestimmen und erfahren sie Motivation aus der Aktivität selbst, werden dann die vorhandenen Assoziationsmöglichkeiten für das Denken und Lernen optimal genutzt. Wie die Kinder die Aufgabe lösen, wird dabei ganz ihnen selbst überlassen, damit sie ihr kreatives Potential voll ausschöpfen können.

Ein erfolgreicher Lernprozess bedarf darüber hinaus der variationsreichen Wiederholung der Lerninhalte, Blickkontakt und gute Betonung in verschiedenen Situationen und Angeboten. In der Planung von Sprachenangeboten wird beachtet, genügend Bewegungselemente einzubetten. Zum Einen unterstützt Bewegung kognitive Lernprozesse, zum Anderen bilden Bewegungserfahrungen die Grundlage für den Spracherwerb. Zahlreiche Bewegungsspiele werden mit physischen Aktionen begleitet, sodass sich die zielsprachlichen Begriffe mehrkanalig im Gehirn der Lernenden

verankern. Lieder und rhythmische Elemente erleichtern die prosodische Wahrnehmung sprachlicher Laute und werden oft noch nach Jahren erinnert. Fingerspiele
fordern die Feinmotorik, Reime und das rhythmische Sprechen das phonologische
Bewusstsein.

Die Geschichten haben zusätzlich einen sprachtherapeutischen sowie einen hohen
emotionalen Wert. Durch konkrete Erzählungen, die in Bilder und Handlungen
umgesetzt werden, erarbeitet sich das Kind als narratives Wesen die Zielsprache
selbsttätig. Handlungselemente aus der Geschichte werden mit verschiedenen Sin-
neserfahrungen assoziiert und gespeichert. Zusätzlich bringen die Kinder ihre per-
sönlichen Erfahrungen in die Geschichte ein und erschließen so durch Geschichten in
der Zielsprache einen für sie neuen Kulturschatz. Das Bilderbuch verkürzt diesen
methodischen Weg, da es die zusätzlichen Sinnesebenen durch die untrennbare
Einheit von Text und Bild, in die das Kind sich mit seiner Phantasie einbringen kann,
bereits in sich trägt. Wichtig dafür sind ein überschaubares Figurenpersonal mit
Identifikationspotential für das Kind sowie ein chronologischer Handlungsablauf.

Verschiedenste Materialien zur Repräsentation von Dingen einzusetzen, ist eine
andere Art, Leerstellen zu füllen, die das Kind im Rollenspiel kognitiv, sprachlich
und emotional fordert. Im Rollenspiel in der Zielsprache sammelt das Kind Erfahrungen durch eigenes Handeln und macht sich so eine andere sprachliche und kulturelle Welt zu Eigen. Wichtige Sprachmittler dabei sind (Hand-) Puppen, die, je nach
Intention, sowohl die Erstsprache der Kinder als auch die Zielsprache „sprechen"
können.

Die kreativen Methoden, z. B. das Sprechzeichnen, Fadenspiele und Blas-Spiele
haben aber ebenfalls für sich allein genommen einen hohen Wert für die sprachliche
und motorische Forderung des Kindes. Graphische und malerische Methoden, sowie
plastisches Gestalten bilden einen Kontext für das in der Situation zur Verfügung
gestellte zielsprachliche Material und schaffen einen individuellen Zugang zur Zielsprache. Brettspiele, Memory-Spiele, Puzzles und ähnliche Materialien werden
eingesetzt, um gelernte Strukturen zu ordnen und zu vertiefen. Bildkärtchen, der
Einsatz von Montessori-Materialien und Kimspielen, in denen Gegenstände mit allen
Sinnen bewusst wahrgenommen und mit dem zielsprachlichen Begriff zusammengeführt werden, regen das Kind an, mit verschiedenen Stoffen und Mengen zu experimentieren.

Das „Lernfeld" Naturspielplatz bietet diesbezüglich eine große Bandbreite an For-
schungsfeldern und -objekten. Zielsprachlich begleitet, eignet sich das Kind parallel

zu den aktiven Prozessen der Hypothesenbildung und -überprüfung auch einen differenzierten Wortschatz in der Zielsprache an. Medien sind ein untrennbarer Teil des modernen Lebens geworden. Sie werden gezielt und gut kombiniert in frühes paralleles Sprachenlernen eingeführt.

Die Vermittlungsmethoden stellen den Handlungsaspekt von Sprache in den Mittelpunkt. Unter zusätzlicher Berücksichtigung von Erkenntnissen zur Informationsverarbeitung des Gehirns und die Entwicklung des Kindes, wird frühes paralleles Sprachenlernen an guten sprachlichen Beispielen orientiert und nicht an sprachlichen Regeln. Dies erfolgt am besten über *„sprachliche Vorbilder und Situationen, in denen Kinder motiviert sind, in dieser Sprache zu kommunizieren"*. Als hilfreich haben sich dabei implizite kommunikative Strategien erwiesen: Korrektives Feedback, offene Fragen, Erweiterung oder Umformung der Äußerungen des Kindes und die Herstellung eines gemeinsamen Aufmerksamkeitsfokus zwischen Bezugsperson und Kind, die Verwendung neuer Wörter in einer festgelegten Abfolge. Diese Form der Sprachförderung ist am besten in einer 1:1-Kommunikation zwischen Erwachsenen und Kindern möglich. Gute Kompetenzen in Deutsch haben eine positive Wirkung auf den weiteren Bildungsverlauf und auch auf die Entwicklung in anderen Bereichen – wie z. B. Mathematik und Naturwissenschaften. Ziel ist es, die sprachlichen Kompetenzen der Kinder so zu entwickeln, dass sie einen erfolgreichen Übergang in die Grundschule ermöglichen.[215]

Es bieten sich zahlreiche Sprachschulen und Spielgruppen sowie einige private Projekte in Hamburg, in denen Sprachen für Kleinkinder vermittelt werden. Während Sprachenangebote allerdings meist kostenpflichtig und somit nicht allen Gesellschaftsschichten zugänglich sind, werden vergleichbare Angebote im Kindergarten oft kostengünstig angeboten. So hat im Idealfall jedes Kind die Chance, in Kontakt mit einer gewünschten Sprache zu kommen.

Es wird zwischen folgenden Sprachförderungsmodellen in Hamburg unterschieden: Submersionsmodell, Immersionsmodell, Bilinguale, bilingual-bikulturelle und multikulturelle Modelle. Im Allgemeinen wird den Kindern in den Immersions-Programmen „Erfolg" vermittelt, während die Kinder in Submersions-Programmen

---

[215] Vgl. *Hamburger Bildungsempfehlungen für die Bildung und Erziehung von Kindern in Tageseinrichtungen.* Hamburg 2012, S. 68.

allzu deutlich ihren „Misserfolg" vermittelt bekommen. Deswegen sind Immersion- und Submersions-Programme trotz aller oberflächlichen Ähnlichkeit völlig verschieden, und es überrascht daher nicht, dass sie zu verschiedenen Resultaten führen. Die Kinder mit nichtdeutscher Erstsprache werden in Deutsch im Verfahren der Submersion beschult, ohne dies vielleicht als solches immer klar vor Augen zu haben. Oft ist von „Sprachbad" die Rede, was sich aber bei näherem Hinsehen als Submersionsprinzip herauskristallisiert. Deswegen ist es für die Bildungsinstitutionen wichtig, die Erstsprachen der Kinder wertzuschätzen und zu fördern, damit keine Submersion in die deutsche Sprache erfolgt.

Sprachbildung und Sprachförderung sind Aufgabe von allen pädagogischen Fachkräften in einer Kindertageseinrichtung. Sie kann nicht delegiert werden und beruht auf

- einer systematischen Integration von Sprachbildung und Sprachförderung als Querschnittsaufgabe zur Gestaltung aller Bildungs- und Lernprozesse, für die alle in der Einrichtung tätigen Fachkräfte gemeinsam Sorge tragen,
- dem Engagement von Einrichtungsleitung und Träger,
- der Zusammenarbeit und Abstimmung im Team aller Fachkräfte,
- einer engen Bildungs- und Erziehungspartnerschaft mit Eltern und
- einer kontinuierlichen Evaluation und Qualitätsentwicklung.

Die strukturierten Beobachtungen ermöglichen es den Fachkräften, das sprachliche Verhalten eines Kindes in verschiedenen Situationen zu erfassen, seine Sprachfähigkeiten über Lautbildung, Wortschatz und Grammatik bis hin zu Sprachhandlungskompetenz und Vorläuferfähigkeiten für den Schriftspracherwerb einzuschätzen, seinen Umgang mit der Familiensprache zu erheben und seine Motivation zu ergründen, z. B. die deutsche Sprache zu erlernen. Sie erlauben es, die Ansatzpunkte für eine wirksame Unterstützung zu identifizieren, mit der Kinder über ihr momentanes Können hinauskommen und die nächsten Entwicklungsschritte nehmen können. Die Ergebnisse der Sprachstandsanalyse sind Ausgangspunkt für die Entwicklung eines individuellen Sprachförderplans. In einigen Fällen sind kollegiale Unterstützung und/oder professioneller Rat durch Fachkräfte erforderlich. In Abstimmung mit den

Eltern wird bei Bedarf die Inanspruchnahme gezielter Maßnahmen, z. B. die intensive Förderung in Kleingruppen oder Einzelförderung eingeleitet.[216]

Die qualifizierte pädagogische Fachkraft wird weitergebildet, da sie Sprachmodell, Sprachvorbild und SprachlernbegleiterIn sind. Dies erfordert eine hohe persönliche Sprachkompetenz, ein Gesprächsverhalten, das die Lust der Kinder auf Sprache und am Sprechen weckt und fördert, sowie umfassendes Wissen zum kindlichen Spracherwerb. Die genauen Informationen werden beispielsweise an den Fortbildungsangeboten der Siemens Stiftung und Zentrum für kindliche Mehrsprachigkeit e.V. (zkm) kostenlos bundesweit angeboten.

Damit die Muttersprache erworben wird, sprechen die Eltern mit ihrem Kind ganz spontan und natürlich. In dieser Sprache kennen sie auch die meisten Wörter und wissen, wie die Sätze „gebaut" sind. *So bekommt das Kind eine gute Grundlage*, das hilft ihm dann auch bei den anderen Sprachen, z. B. beim Deutsch lernen. Es dauert, bis ein Kind eine Sprache richtig kann – das trifft sowohl für die erste Sprache des Kindes zu als auch für alle weiteren Sprachen. Bei manchen Kindern gibt es Phasen, in denen sie nur eine Sprache sprechen wollen – z. B. nur Deutsch. Dann antworten sie auf Deutsch, auch wenn die Eltern in der Familiensprache mit ihnen sprechen. Wenn Eltern konsequent bleiben und weiter in ihrer Muttersprache mit dem Kind sprechen, und wenn das Kind diese Sprache bei anderen Gelegenheiten hört, dann geht sie nicht verloren, das Kind lernt weiter, als Zuhörer – und wird sicherlich diese Sprache später auch wieder sprechen.[217]

Mischphasen der Kinder sind überwindbar. Dies wird eher als Ausdruck hoher Sprachkompetenz angesehen. In solchen Situationen ist zu empfehlen, die Wörter in der Muttersprache zu wiederholen, ohne vom Kind zu verlangen, dass es diese nachspricht. Solche "Auffälligkeiten" sind normal und geben sich in der Regel nach einer Weile. Schon bald wird sich das Kind sicher in beiden Sprachen ausdrücken und mühelos von einer Sprache in die andere wechseln können.
Dem Kind lange zuhören und ihm antworten erfordert oftmals viel Geduld, welche nicht bei allen Erziehungsberechtigten dauerhaft vorhanden ist. Allerdings wird es

---

[216] *Hamburger Bildungsempfehlungen für die Bildung und Erziehung von Kindern in Tageseinrichtungen.* Hamburg 2012, S. 69.

[217] Vgl. Michaela, Ulich; In: *Elternbrief Deutsch. Wie lernt mein Kind 2 Sprachen, Deutsch und die Familiensprache?* Staatsinstitut für Frühpädagogik. München, o. J. S. 2. http://www.ifp.bayern.de/imperiamd/content/stmas/ifp/elternbriefdeutsch.pdf; Stand 8.11.2012,

bei Kindern zu größeren und zahlreicheren Fortschritten kommen, wenn ihm genügend Zeit zum Nachdenken und zum „selber machen" gegeben wird. Denn jüngere
Kinder reagieren langsamer als Erwachsene auf „Input" und neue Sachverhalte.

Zu Beginn des parallelen Sprachenlernens ist es wichtig, dass das Kind Spaß am
Sprechen hat. Eine positive Reaktion der Erwachsenen auf die Sprechversuche des
Kindes, auch wenn es die Wörter noch nicht korrekt spricht, weckt und unterstützt
die kindliche Aufmerksamkeit und den Spaß beim Sprechen, z. B. *„ein Hund, der
macht wau-wau"*.

Kinder sind durchaus in der Lage, die verschiedenen Sprachen in ihren Eigenheiten
zu unterscheiden und gleichzeitig zu erwerben. Voraussetzung ist allerdings, es gibt
in ihrem Umfeld klare und möglichst konsequent eingehaltene "Sprachregeln":

- Die beiden Sprachen sollten nicht willkürlich benutzt oder gewechselt werden.
- Für das Kind ist es wichtig, dass es eine bestimmte Sprache mit einer bestimmten Person oder mit bestimmten Situationen in Verbindung bringen
  kann.

Das Kind sollte in beiden Sprachen gleichermaßen emotionale und sprachliche
Zuwendung erfahren, z. B., wenn das Kind beruhigt und getröstet wird, so erfährt es
Zuwendung, Wärme und Geborgenheit:[218] z. B.: Kind: *„Ich aua."* Erzieherin: *„oh,
du hast dir wehgetan"*

Folglich kann behauptet werden, wer Mehrsprachigkeit erreichen möchte, eine solche
ebenfalls fördern muss. Sie darf dementsprechend nicht nur als Übergangsphase zur
deutschen Einsprachigkeit ausgenutzt werden. Dies würde eine Vergeudung der Lebens-
chancen von Individuen und einen unnötigen Verzicht auf gesellschaftliche Ressourcen
bedeuten. Denn Mehrsprachigkeit bedeutet Freiheit. Generell sind Menschen mit
diversen Sprachkenntnissen eher in der Lage im Ausland zu arbeiten oder studieren
zu können.

---

[218] Vgl. *Bundeszentrale für gesundheitliche Aufklärung*: http://www.kindergesundheit-info.de/fuer
eltern/kindlicheentwicklung/entwicklung/mehrsprachigkeit0/; Stand 12.12.2012.

Literaturverzeichnis

Apeltauer, Ernst: *Grundlagen des Erst- und Fremdsprachenerwerbs. Eine Einführung.* Berlin, München, Wien, Zürich, New York. (= Fernstudieneinheit 15) 2006, S .14f. u. 63f.

Apeltauer, Ernst: Sind Kinder bessere Sprachenlerner? In: *Lernen in Deutschland.* Zeitschrift für interkulturelle Erziehung 1992, S. 6f.

Ardjomandi; Streeck. 1998; zitiert nach: Haci-Halil, Uslucan, Helmut-Schmidt-Universität Hamburg: *Bikulturalität als Chance für Familien und Kinder?* o. J, S. 2.

Barkowski, Hans: Zweitsprachenunterricht. In: Bausch, Karl-Richard; Christ, Herbert; Krumm, Hans-Jürgen (Hg.): *Handbuch Fremdsprachenunterricht.* o. O. 2007, S. 157.

Bleyhl, Werner: *Fremdsprachen in der Grundschule.* Hannover 2000, S. 22.

Blocher, Eduard 1909, S. 17.; zitiert nach: Lengyel, Dorit: *Kindliche Zweisprachigkeit und Sprachbehindertenpädagogik. Eine empirische Untersuchung des Aufgabenfeldes innerhalb der sprachheiltherapeutischen Praxis.* Köln 2001, S. 13.

Boeckmann, Klaus-Börge: Grundbegriffe der Spracherwerbsforschung. In: *Starten schon im Kindergarten*, Heft 7, 15. Jahrgang. München 2006, S. 38ff.

Bründler, Paul; Bürgisser, Daniel u. a: *Einführung in die Psychologie und Pädagogik. Lerntext, Aufgaben mit kommentierten Lösungen und Glossar.* Zürich 2004, S. 162.

Börner, Wolfgang; Vogel, Klaus: *Emotion und Kognition im Fremdsprachenunterricht.* Tübingen 2004, S. 91.

Butzkamm, Wolfgang: Psycholinguistik des Fremdsprachenunterrichts. Von der Muttersprache zur Fremdsprache. 3. Aufl., Tübingen 2002, S. 51f.; zitiert nach: Riehl, Claudia Maria: *Mehrsprachigkeit: Grundlagen, Vorteile und didaktische Konsequenzen.* Universität zu Köln, o. O. o. J

Butzkamm, Wolfgang: *Wie Kinder sprechen lernen. Kindliche Entwicklung und die Sprachlichkeit des Menschen.* Tübingen 1999, S. 100.

Caroll, Claudia: *Mehrsprachigkeit im Vorschulalter. Kriterien für die Förderung von Mehrsprachigkeit für Kinder in Vorschuleinrichtungen.* Hagen 2008, S. 177f. u. 181.

Chomsky, Noam. In: Schwarz, Monika: *Einführung in die kognitive Linguistik.* Tübingen 1996, S. 112.

Chighini, Patricia; Kirsch, Dieter 2009, S. 13.; zitiert nach: Boeckmann, Klaus-Börge u. a. *Mehrsprachigkeit in den Kindergärten. Methodisches Handbuch für die Sprachenvermittlung in Kindergärten.* Universität Wien. o. J, S. 61.

Cummins, Jim: Language, Power and Pedagogy. Clevedon: Multilingual Matters, 2000; zitiert nach: Riehl, Claudia Maria: *Mehrsprachigkeit: Grundlagen, Vorteile und didaktische Konsequenzen.* Universität zu Köln, o. J.

Danzer, Claudia; Kranzl - Greinecker, Martin; Krenn, Renate (Hg.): *Sprechen lernen, Sprache finden. Kinder zur Sprachfähigkeit begleiten.* Fachbuchreihe Pädagogik im Verlag Unsere Kinder. Linz 2007, S. 109f.

DGFF (Die deutsche Gesellschaft für Fremdsprachenforschung): Mehrsprachigkeit als Chance: In *Zeitschrift für Fremdsprachenforschung*, Heft 1, Band 23, 2012, S. 123f.
Edmondson, Willis; House Juliane: *Einführung in die Sprachlernforschung.* Tübingen 2000, S. 11. u. 95f.

EKM (Europäische Kommission für Mehrsprachigkeit) 2008; http://ec.europa.eu/ education/languages/languagelearning/doc149_de.htm; Stand 18.09.2009

Elsner, Daniela; Wedewer, Veronika: *Begegnung mit Fremdsprachen im Rahmen frühpädagogischer Erziehung.* Bremen 2007, S. 37.

Fröhlich-Ward, Leonora: Fremdsprachenunterricht im Vorschul- und Primarbereich. In: Bausch, Karl-Richard; Christ, Herbert; Krumm, Hans-Jürgen (Hg.): *Handbuch Fremdsprachenunterricht.* 2007, S. 199 und **Graf**, Peter; Tellmann, Helmut: *Vom frühen Fremdsprachenlernen zum Lernen in zwei Sprachen. Schulen auf dem Weg nach Europa.* (=Europäische Bildung im Dialog. Region–Sprache–Identität, Bd. 5). Frankfurt am Main 1997, S. 75f.

Fröhlich-Ward, Leonora: Fremdsprachenunterricht im Vorschul- und Primarbereich. In: Bausch, Karl-Richard; Christ, Herbert; Krumm, Hans-Jürgen (Hg.): *Handbuch Fremdsprachenunterricht.* o. O. 2007, S. 198f.

Fröbel, Friedrich 1994, zitiert nach: Berger, Manfred. In: Auf den Spuren Friedrich Fröbels in Thüringen. *Stationen einer Bildungs-/Erlebnisreise in die Vergangenheit und Gegenwart*, Martin R. (Hg.); http://www.kindergartenpaedagogik.de/809.html, Stand 15.10.2012.

Gombos, Georg: Bildungschance frühkindliche Mehrsprachigkeit. Frühkindlicher Sprachenerwerb durch mehrsprachige Kindergärten. In: James Allan (Hg.): *Vielerlei Zun-gen.Mehrsprachigkeit+Spracherwerb+Pädagogik+Psychologie+Literatur+Medien* Klagenfurt 2003, S. 50.

Gombos, Georg: *Sprachliche Frühförderung schon im Vorschulalter – im Rahmen einer Förderung individueller Mehrsprachigkeit (Plurilingualismus).* Handreichung für die Bildungsenquete „Startklar für die neue Schule" des SPÖ-Parlamentsklubs am 20.6.2005. Überarb. Version: http://www.zvwien.at/download/bildungs politiknational/20050622gombosbildungskonferenz.pdf; Stand 27.09.2012, S. 1.

Grossmann, Klaus E.: Bindungsgefühl. In: Euler, Harald A.; Mandl, Heinz (Hg.) *Emotionspsychologie. Ein Handbuch in Schlüsselbegriffen.* München 1983, S. 168f.

Gruber, Hans; Prenzel, Manfred u. a: Spielräume für Veränderung durch Erziehung. 2006, S. 118f. In: Krapp, Andreas; Weidemann, Bernhard (Hg.): *Pädagogische Psychologie. Ein Lehrbuch.* 5., vollständig überarb. Aufl., Weinheim 2006, S. 100f.

Götze, Lutz: Vom Nutzen der Hirnforschung für den Zweitspracherwerb. In: *Linguistics with a Human Face.* Festschrift für Norman Denison zum 70. Geburtstag. Graz 1995, S. 113ff.

Götze, Lutz: Was leistet das Gehirn beim Fremdsprachenlernen? Neue Erkenntnisse der Gehirnphysiologie zum Fremdsprachenerwerb. In: *Zeitschrift für Interkulturellen Fremdsprachenunterricht*, http://zif.spz.tudarmstadt.de/jg-02-2/beitrag/goetze1.htm; Stand 12.09.2012.

Graf, Peter; Tellmann, Helmut. *Vom frühen Fremdsprachenlernen zum Lernen in zwei Sprachen. Schulen auf dem Weg nach Europa.* (Europäische Bildung im Dialog. Region – Sprache – Identität, Bd. 5) Frankfurt am Main 1997, S. 75f.

Graf, Ralf 1997, S. 77; Zini, Michael 2009, S. 6f; zitiert nach: Boeckmann, Klaus-Börge u. a: *Mehrsprachigkeit in den Kindergärten. Methodisches Handbuch für die Sprachenvermittlung in Kindergärten.* Universität Wien, o. J, S. 69.

Hausendorf, Heiko; Quasthoff, Uta M.: *Sprachentwicklung und Interaktion. Eine linguistische Studie zum Erwerb von Diskursfähigkeiten.* Opladen 1996, S. 26f.

Hennon, E., Hirsh-Pasek, K.; Golinkoff, R. M., Die besondere Reise vom Fötus zum spracherwerbenden Kind. In: Grimm, Hannelore (Hg.) *Sprachentwicklung.* Göttingen 2000, S. 41–103.; zitiert nach: Kühn, Philipp: *Wie entwickeln sich Late Talkers? Eine Längsschnittstudie zur Prognose der sprachlichen, kognitiven und emotionalen Entwicklung von Late Talkers bis zum Einschulungsalter.* Dissertation zum Erwerb des Doktorgrades der Humanbiologie an der medizinischen Fakultät der Ludwig-Maximilians-Universität zu München 2010, S. 6.

Herbert, Christ: Erwerb von Fremdsprachen im Vorschul- und Primarbereich. In: Bausch, Karl-Richard; Christ, Herbert; Krumm, Hans-Jürgen (Hg.): *Handbuch Fremdsprachenunterricht.* o. O, 2007, S. 451.

Hexel, Ralf; Jorch, Gerhard: *Die Chancen der frühen Jahre nutzen – Lernen und Bildung im Vorschulalter.* Magdeburg 2004, S. 42.

Huppertz, Norbert: Heute gelernt, morgen gelehrt – Französisch so früh! Das Projekt am Oberrhein. In: *Fremdsprachenerwerb- Wie früher und wie anders?* Workshop des Forum Bildung am 14. September. Berlin 2001, S. 31f.

Hupperz, Norbert 2003, S. 19.; Stern, Claudia. 1994, S. 19.; Leopold 1994, S. 33. zitiert nach: Boeckmann, Klaus- Börge u. a.: *Mehrsprachigkeit in den Kindergärten. Methodisches Handbuch für die Sprachenvermittlung in Kindergärten.* Universität Wien, o. J, S. 71.

Huppertz, Norbert: *Der Lebensbezogene Ansatz im Kindergarten.* Freiburg 2003, S. 28f.

Huppertz, Norbert. 2002; zitiert nach: Wenzel, Veronika: *Der zweisprachiger Kindergarten in der Euregio*. Westfälische Wilhelms-Universität Münster 2004, S. 14.

Hübner, Klaus: Mit Kindern die Natur - und Sprache - erleben. In: Frühes Deutsch (Hg.) *Vom Huhn zum Spiegelei. Erkenntnisse und Beispiele aus dem integrierten Sprach- und Sachunterricht*. Heft 11, 16. Jahrgang, München 2007, S. 30f.

Hüfner, Angelika. In: *Fremdsprachenerwerb- Wie früher und wie anders?* Workshop des Forum Bildung am 14. September. Berlin 2001, S. 78.

Hüther, Gerald: Singen ist „Kraftfutter" für Kindergehirne. In: *Frühes Deutsch* (Hg.), Heft 13, 2008, S. 8f.

Hüther, Gerald: Wie lernen Kinder? Voraussetzungen für gelingende Bildungsprozesse aus neuro-biologischer Sicht. In: Caspary, Ralf (Hg.) *Lernen und Gehirn. Der Weg zu einer neuen Pädagogik*. Freiburg 2006, S. 70ff.

Jampert, Karin: *Schlüsselsituation Sprache – Ergebnisse aus der Spracherwerbsforschung und ihr Beitrag zum Verständnis des Sprachentwicklungsprozesses bei mehrsprachigen Kindern*; Deutsches Jugendinstitut DJI (Hg.), Heft 2, 1999, S. 38f.

Jantscher, Elisabeth: *Frühes Fremdsprachenlernen: Eine Bestandsaufnahme aus österreichischer Sicht*. Mit Beiträgen v. Dagmar Heindler. Graz, (Zentrum für Schulentwicklung. Report, Nr. 32) 1998, S 8f.

Kühnle, Reinhold Günter: Zur Verbindung des englischen Geistes mit der europäisch-abendländischen Leitkultur. In: Opperrmann, Eva (Hg.): *Literatur und Lebenskunst. Literature and the Art of Living. Festschrift für Gerd Rohmann*. Kassel 2006, S. 29.

Kühne, Norbert: *Praxisbuch Sozialpädagogik. Arbeitsmaterialien und Methoden*. Bd. 6. Troisdorf 2008, S. 42.

Kuhne, Norbert. 2008, S. 43f.; zitiert nach: Boeckmann, Klaus- Börge u. a. *Mehrsprachigkeit in den Kindergärten. Methodisches Handbuch für die Sprachenvermittlung in Kindergärten*. Universität Wien, o. J, S. 69f.

Kühn, Philipp: *Wie entwickeln sich Late Talkers? Eine Längsschnittstudie zur Prognose der sprachlichen, kognitiven und emotionalen Entwicklung von Late Talkers bis zum Einschulungsalter*. Dissertation zum Erwerb des Doktorgrades der Humanbiologie an der medizinischen Fakultät der Ludwig-Maximilians-Universität zu München 2010, S. 5.

Lambert, Wallace. E; u. a. 1974, S. 51. In: Caroll, Claudia: *Mehrsprachigkeit im Vorschulalter. Kriterien für die Förderung von Mehrsprachigkeit für Kinder in Vorschuleinrichtungen*. Hagen 2008, S. 184.

Leist-Villis, Anja; zitiert nach: Hülsbusch, Ida: *Prüfungszeit mit Pflicht und Kür,* Carl-Humann-Gymnasium, Essen (Zeus Medienwelt), http://www.derwesten.de/ zeusmedienwelten/zeus/fuer-schueler/zeus-regional/essen/pruefungszeit-mit-pflicht-und-kuer-id6598712.html, Stand 11.10.2012.

Lengyel. Drorit: *Zweitspracherwerb in der Kita. Eine integrative Sicht auf die sprachliche und kognitive Entwicklung mehrsprachiger Kinder.* Münster 2009, S. 14f.

Lehmann, Christian: www.christianlehmann.eu/ling/elements/plastizitaet.html; Stand: 05.08.2012

LeDoux, Joseph: *Das Netz der Gefühle. Wie Emotionen entstehen.* München 2003, S. 13.

Leon, James: http://www.soc.hawaii.edu/leonj/499s99/cachola/chpt2/chptr2.html, Stand 7.12.2012

Leopold-Mudrack, Annette: *Fremdsprachenerziehung in der Primarstufe. Vorraussetzungen, Konzept, Realisierung.* Münster 1998, S. 40ff.

Lüdi, Georges; Py, Bernard: Zweisprachig durch Migration. Einführung in die Erforschung der Mehrsprachigkeit am Beispiel zweier Zuwanderergruppen in Neuenburg. Tübingen 1984, S. 8.; zitiert nach: Riehl, Claudia Maria: *Aspekte der Mehrsprachigkeit: Formen, Vorteile, Bedeutung* Universität zu Köln, o. J, S. 1.

Lyons, John, 4. Auflage. 1992, S. 13

Mall, Winfried: Basale Kommunikation- Ein Beitrag der Heilpädagogik zur Behandlung schwerbeeinträchtiger Menschen. In: *Krankengymnastik.* 55. Jg, 8/2003, http://www.winfried-mall.de/pdf/physiotherapie.pdf; S. 3.

Meisel, Jürgen: Mehrsprachigkeit in der frühen Kindheit: Zur Rolle des Alters bei Erwerbsbeginn. In: Anstatt, Tanja (Hg.): *Mehrsprachigkeit bei Kindern und Erwachsenen. Erwerb, Formen, Förderung.* Tübingen 2007, S. 110f.

Mayer, Christian Karl: http://www.neuro24.de/showglossar.php?id=913; Stand 09.29.2012.

Montessori, Maria: *Kinder sind anders.* Aus Ital. v. Percy Eckstein u. Ulrich Weber. Bearb. v. Helene Helming. Ungek. Ausg. 8. München 1993, S. 127.

Müller, Natascha; Kupisch Tanja u. a: *Einführung in die Mehrsprachigkeit.* o. O. 2006, S. 13.

Nauwerck, Patricia: Fremdsprachenvermittlung im Kindergarten - Was sagt die Sprachwissenschaft dazu? In: Huppertz, Norbert (Hg.): *Fremdsprachen im Kindergarten. Didaktik. Methodik. Praxi*s. o. O. 2003, S. 49ff.

Niederle, Charlotte. 2000b, S. 24.; zitiert nach: Boeckmann, Klaus- Börge u. a. *Mehrsprachigkeit in den Kindergärten. Methodisches Handbuch für die Sprachenvermittlung in Kindergärten.* Universität Wien, o. J, S. 69. u. 72.

Oksaar, Els. 2009, S 16.; zitiert nach: Lengyel, Drorit: *Zweitspracherwerb in der Kita. Eine Integrative Sicht auf die sprachliche und kognitive Entwicklung mehrsprachiger Kinder.* Münster 2009, S. 17.; http://www.e-cademic.de/data/ ebooks/extracts/97838309 20861.pdf; Stand 11.10.2012.

Oksaar, Els. 2003, S. 13.; zitiert nach: Boos-Nünning, Ursula; Karakasoglu, Yasemin: *Viele Welten leben. Zur Lebenssituation von Mädchen und jungen Frauen mit Migrationshintergrund.* Münster 2005, S. 236.

Oksaar, Els: Zweitspracherwerb. Wege zur Mehrsprachigkeit und zur interkulturellen Verständigung. Stuttgart 2003, S. 27ff.; zitiert nach: Riehl, Claudia Maria: *Mehrsprachigkeit: Grundlagen, Vorteile und didaktische Konsequenzen.* Universität zu Köln, o.J

Oksaar, Els: Mehrsprachigkeit, Sprachkontakt, Sprachkonflikt. 1980, S. 43. In: Nelde, Peter Hans. (Hg.), Sprachkontakt und Sprachkonflikt. Wiesbaden, S. 43-52; zitiert nach: Riehl, Claudia Maria: *Mehrsprachigkeit: Grundlagen, Vorteile und didaktische Konsequenzen.* Universität zu Köln, o. J.

Oerter, Rolf; Montada, Leo: *Entwicklungspsychologie.* Weinheim: Psychologie. Darin Kap. 15. 1998.

Ortner, Brigitte: Alternative Methoden im Fremdsprachenunterricht. Lerntheoretischer Hintergrund und praktische Umsetzung. In: *Forum Sprache.* Ismaning 1998, S. 155.

Pagonis, Guilio: Der Altersfaktor in Theorie und Praxis. In: Ahrenholz, Bernd; Klein, Wolfgang (Hg.): *Worauf kann sich der Sprachunterricht stützen?* Stuttgart 2009, S. 113f. u. 124.

Palme, H.-J.: *Computer im Kindergarten. Was Kinder am Computer spannend fanden und wie Erzieher damit umgehen können.* München 1999.

Preissing, Christina: Vorurteilsbewusste Bildung und Erziehung im Kindergarten. Ein Konzept für die Wertschätzung von Vielfalt und gegen Toleranz. In: Preissing, Christina; Wagner, Petra: *Kleine Kinder – keine Vorurteile? Interkulturelle und vorurteilsbewusste Arbeit in Kindertageseinrichtung.* o. O, 2003, S. 12.

Preissing, Christina; zitiert nach: Sonner, Adelheid 1985, S. 26. In: Carol, Claudia: *Mehrsprachigkeit im Vorschulalter. Kriterien für die Förderung von Mehrsprachigkeit für Kinder in Vorschuleinrichtungen.* Köln 2008, S. 191.

Reich, Hans H.; Roth, Hans-Joachim: *Landesinstitut für Lehrerbildung und Schulentwicklung.* Hamburg 2001.

Richter, Erwin; Brügge Walburga: *So lernen Kinder sprechen.* München 2001, S. 20. u. 82.

Riehl, Claudia Maria: Die Bedeutung von Mehrsprachigkeit. Beitrag. In: *Natürliche Mehrsprachigkeit in Köln Chorweiler. Brachliegende Potenziale ausschöpfen.* Köln 2011, S. 12.

Riehl, Claudia Maria: Mehrsprachigkeit: Grundlagen, Vorteile und didaktische Konsequenzen. Universität zu Köln, o. O, o. J

Riehl, Claudia Maria: Aspekte der Mehrsprachigkeit: Formen, Vorteile, Bedeutung. Universität zu Köln. o. J, S. 1ff.

Riehl, Claudia Maria: *Schreiben, Text und Mehrsprachigkeit. Zur Textproduktion in mehrsprachigen Gesellschaften am Beispiel der deutschsprachigen Minderheiten in Südtirol und Ostbelgien.* Tübingen 2001

Romaine, Suzanne: Bilingualism. 2nd edition. Blackwell, Oxford u. a. 1995; zitiert nach: Riehl, Claudia Maria: Mehrsprachigkeit: *Grundlagen, Vorteile und didaktische Konsequenzen.* Universität zu Köln. o. J.

Roth, Gerhard: Möglichkeiten und Grenzen von Wissensvermittlung und Wissenserwerb. Erklärungsansätze aus Lernpsychologie und Hirnforschung. In: Caspary, Ralf (Hg.): *Lernen und Gehirn. Der Weg zu einer neuen Pädagogik.* Freiburg 2006, S. 67f.

Sarter, Heidermarie. 2001, S. 10-23.; zitiert nach: Wenzel, Veronika: *Der zweisprachige Kindergarten in der Euregio.* Westfälische Wilhelms-Universität Münster 2004, S. 14.

Schenk- Danzinger, Lotte: *Entwicklungspsychologie.* Wien 1988, S. 213f.

Schenk-Danzinger, Lotte: *Entwicklung, Sozialisation, Erziehung: Von der Geburt bis zur Schulfähigkeit.* 3. Aufl., Nachdruck. Stuttgart 1998, S. 157ff.

Schlösser, Elke: *Wir verstehen uns gut, spielerisch Deutsch lernen.* Münster 2001, S. 63ff.

Sonner, Adelheid: Bilinguale, bilingual-bikulturelle und multikulturelle Erziehungsmodelle. In: Zweisprachigkeit im Kindergarten. Gemeinsame Förderung ausländischer und deutscher Kinder. Staatsinstitut für Frühpädagogik. Donauwörth 1985, S. 22.; zitiert nach: Caroll, Claudia: *Mehrsprachigkeit im Vorschulalter. Kriterien für die Förderung von Mehrsprachigkeit für Kinder in Vorschuleinrichtungen.* Hagen 2008, S. 175.

Sonner, Adelheid: Bilinguale, bilingual-bikulturelle und multikulturelle Erziehungsmodelle. In: *Zweisprachigkeit im Kindergarten. Gemeinsame Förderung ausländischer und deutscher Kinder.* Staatsinstitut für Frühpädagogik. Donauwörth 1985, S. 24.

Standing, Mortimer E.: *Maria Montessori. Leben und Werk.* Waldschmidt, Ingeborg; Eckert, Ela (Hg.), Berlin 2009, S. 89.

Stangl, Werner: Einführung in Psychologie; Fern-Universität, http://arbeitsblaetter.stangl-taller.at/KOGNITIVEENTWICKLUNG/Piagetmodell.shtml; Stand 4.10.2012.

Stern, Clara: *Die Kindersprache. Eine psychologische und sprachtheoretische Untersuchung.* Leipzig 1994, S. 19f.

Stern, Clara. 1994, S. 19f.; zitiert nach: Boeckmann, Klaus- Börge u. a *Mehrsprachigkeit in den Kindergärten. Methodisches Handbuch für die Sprachenvermittlung in Kindergärten.* Universität Wien, o. J, S. 72.

Stern, Claudia. 1978, S. 165. In: Graf, Ralf 1987; zitiert nach: Claudia, Caroll: *Mehrsprachigkeit im Vorschulalter. Kriterien für die Förderung von Mehrsprachigkeit für Kinder in Vorschuleinrichtungen.* Hagen 2008, S. 175.

Tönshoff, Wolfgang: *Fremdsprachenlerntheorie.* 1995, S. 12.

Trabant, Jürgen: *Was ist Sprache?* München 2008, S. 12.

Tracy, Rosemarie. 2006a; zitiert nach: *Deutscher Bundesverband für Logopädie e. V;* http://www.dbl-ev.de/index.php?id=1704; Stand 23.09.2012

Tracy, Rosemarie: *Wie Kinder Sprachen lernen und wie wir sie dabei unterstützen können.* Tübingen 2008, S. 69.; 141ff. u. 194.

Tracy, Rosemarie. 2002, S. 5.; zitiert nach: *Diagnosegestützte durchgängige Sprachbildung an der Schnittstelle zwischen Elementar- und Primarbereich. Expertise zum FörMig-Transfer Projekt.* Hamburg. 2010, S. 16.

Ulich, Michaela; In: *Elternbrief Deutsch. Wie lernt mein Kind 2 Sprachen, Deutsch und die Familiensprache?* Staatsinstitut für Frühpädagogik. München, S. 1. http://www.ifp.   bayern.de/imperia/md/content/stmas/ifp/elternbriefdeutsch.pdf; Stand 8.11.2012,

Vester, Frederic: *Denken, Lernen, Vergessen.* 21. Aufl. München 1994, S. 114f.

Vester, Frederic. 1994, S. 155.; zitiert nach: Boeckmann, Klaus- Börge u. a *Mehrsprachigkeit in den Kindergärten. Methodisches Handbuch für die Sprachenvermittlung in Kindergärten.* Universität Wien, o. J, S. 71.

Wappelshammer, Elisabeth; u. a.: Fremdsprachen im Kindergarten. In: Kuhne, Norbert (Hg.), *Praxisbuch Sozialpädagogik. Arbeitsmaterialien und Methoden.* Bd. 6. Troisdorf 2008, S. 47ff. u. 63.

Wenzel, Veronika: *Der zweisprachige Kindergarten in der Euregio.* Westfälische Wilhelms-Universität Münster 2004, S. 14.

Wode, Hennig; u. a 1999; zitiert nach: Wenzel, Veronika: *Der zweisprachige Kindergarten in der Euregio.* Westfälische Wilhelms-Universität Münster 2004, S. 15.

Wode, Henning: Frühe Mehrsprachigkeit für Kinder. Chance oder Risiko? Vortrag in der Veranstaltung „Frühe Mehrsprachigkeit" am 5. September 1998, Aurich. In: *Sprache & Region, Schriftenreihe des Plattdütskbüros der Ostfriesischen Landschaft und des Vereins Oostfresske Taal* i. V., Heft 7, 1999, S. 58.

Zini, Michael: Sehen, hören, fühlen, schmecken, riechen und lieben. Was Pädagogik und Architektur miteinander verbindet. In: *Gebaute Pädagogik. Architektur und Raumgestaltung. Unsere Kinder. Das Fachjournal für Bildung und Betreuung in der frühen Kindheit.* (Hg.). Wien 2009, S. 5f.

Workshop des Forum Bildung am 14.September: *Fremdsprachenerwerb –Wie früh und wie anders?* Berlin 2001, S. 14f. u. 54.

Diagnosegestützte durchgängige Sprachbildung an der Schnittstelle zwischen Elementar- und Primarbereich Expertise zum FörMig-Transfer Projekt. Hamburg 2010, S. 6. u. 15f.

http://www.fmks-online.de/; Stand 11.10.2012

Wert und Bedeutung der Zweisprachigkeit für Kinder und Jugendliche nicht Deutsche Erstsprache in Deutschland: http://www.forumbildungspolitik.de/ download/vortrag guadatielloforum070423.pdf; Stand 24.12.2012, S. 2.

Hamburger Bildungsempfehlungen für die Bildung und Erziehung von Kindern in Tageseinrichtungen. Hamburg 2012, S. 68.

Empfehlung. Sprachförderung als Teil der Sprachbildung im Jahr vor der Einschulung durch Grundschullehrkräfte. Hannover 2012, S. 32f

Sprachförderung im vorschulischen Bereich. S. 2f.; http://www.hamburg.de/ contentblob/73098/data/anlage-3-sprachfoerderung-vsk.pdf; Stand 30.11.2012,

Sprachförderkonzept Kt. Basel-Stadt. Erprobungsfassung Februar 2005.

www.cito.com; Stand 10.12.2012

Generationsbeziehungen: Kinder-Eltern-Großeltern. Baden-Württemberg 2012, S 12.; http://www.statistik.baden-wuerttemberg.de/BevoelkGebiet/FaFo/Familieni BW/R20123.pdf, Stand 7.09.2012

Mehrsprachigkeit im multikulturellen Kinderleben. Eine Tagungsdokumentation Projektheft 2/1999. (Hg.) Deutsches Jugendinstitut DJI Projekt "Multikulturelles Kinderleben." München. S. 31.; http://www.dji.de/bibs/DJIMultikultiHeft2.pdf, Stand 31.10.2012,

Didaktisch-methodische Empfehlungen für die Sprachförderung vor der Einschulung. Hannover 2004, S. 10f. .

Sprachbildung und Sprachförderung. Handlungsempfehlungen zum Orientierungsplan für Bildung und Erziehung im Elementarbereich niedersächsischer Tageseinrichtungen für Kinder. Niedersachsen 2011, S. 14.

Bundeszentrale für gesundheitliche Aufklärung: http://www.kindergesundheit-info.de/fuereltern/kindlicheentwicklung/entwicklung/mehrsprachigkeit0/; Stand: 25.11.2012.

http://www.babylon.com/definition/Fremdsprache/; Stand 20.09.2012 http://woerterbuch.babylon.com/fremdsprache/; Stand 2.10.2012

Sozialpädagogisches Institut Gütersloh e. V: http://www.spi-gt.de/site/index.php?
Fortbildungen:Sprachentwicklung%E2%80%89%E2%80%A6; Stand 21.09.2912

http://www.bibernetz.de/wws/interview-rosemarie-tracy.php; Stand 2.10.2012

Abkürzungsverzeichnis

Aufl.	=	Auflage
Ausg.	=	Ausgabe
bzw.	=	beziehungsweise
d. h.	=	das heißt
Hg.	=	Herausgeber/in
hg. v.	=	herausgegeben von
o. O	=	ohne Ort
o. J	=	ohne Jahr
S.	=	Seite
s.	=	siehe
u. a.	=	und andere
überarb.	=	überarbeitet(e)
v. a.	=	vor allem
Verl.	=	Verlag
vgl.	=	vergleiche
z. B.	=	zum Beispiel